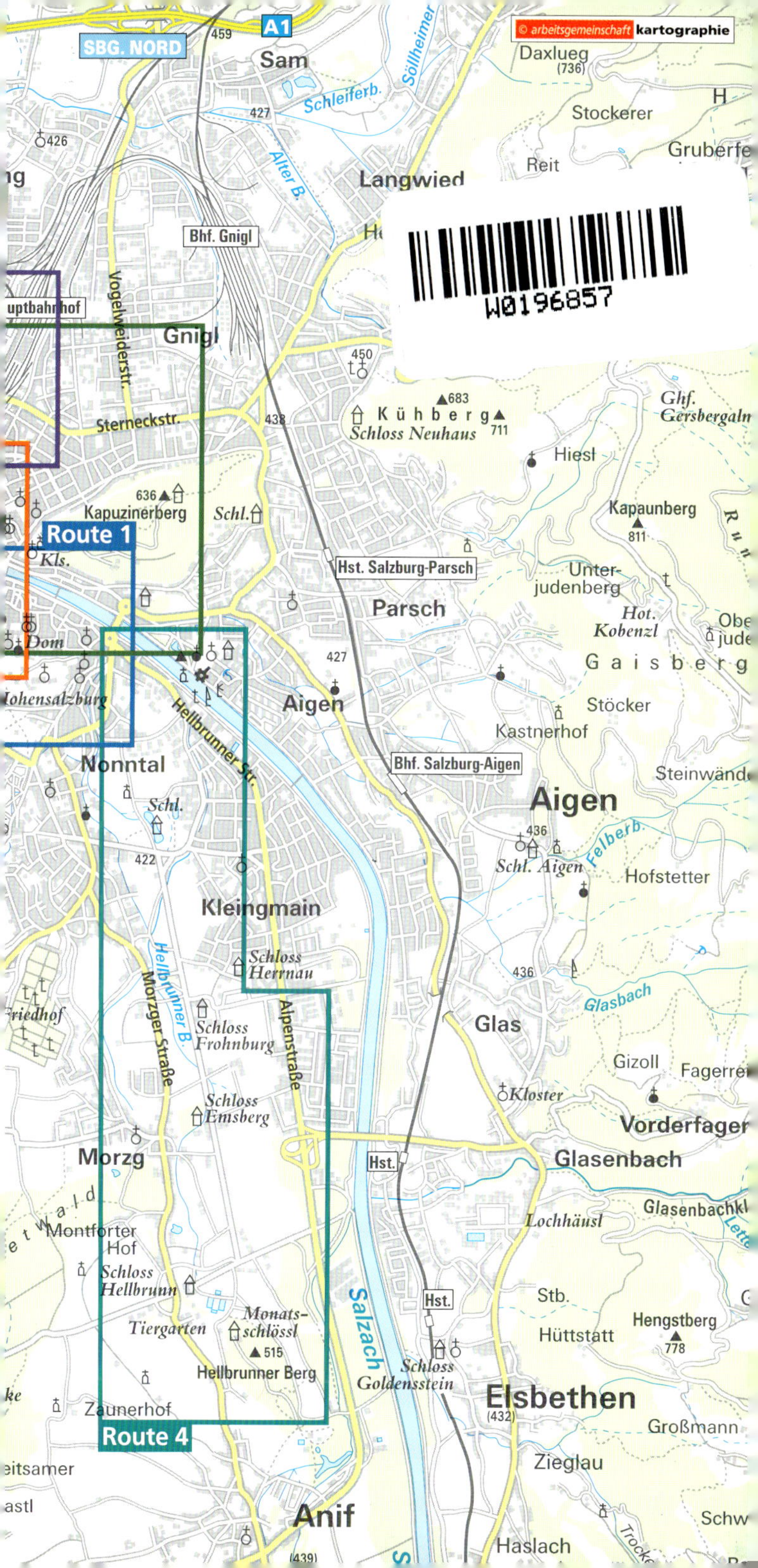

© arbeitsgemeinschaft kartographie
A1
SBG. NORD
459
Sam
Söllheimer
Schleiferb.
Daxlueg
(736)
Stockerer
Gruberfe
Reit
427
426
Alter B.
Langwied
Bhf. Gnigl
uptbahnhof
Vogelweiderstr.
Gnigl
450
Sterneckstr.
438
683
Kühberg
711
Schloss Neuhaus
Ghf.
Gersbergaln
Hiesl
636
Kapuzinerberg
Schl.
Kapaunberg
811
Route 1
Kls.
Hst. Salzburg-Parsch
Unter-
judenberg
Parsch
Hot.
Kobenzl
Obe
jude
Dom
427
Gaisberg
Hohensalzburg
Aigen
Stöcker
Kastnerhof
Hellbrunner Str.
Bhf. Salzburg-Aigen
Steinwänd
Nonntal
Aigen
Schl.
436
Felberb.
Schl. Aigen
Hofstetter
422
Kleingmain
Schloss
Herrnau
436
Glasbach
Friedhof
Hellbrunner B.
Morzger Straße
Schloss
Frohnburg
Alpenstraße
Glas
Gizoll
Fagerrei
Kloster
Schloss
Emsberg
Vorderfager
Morzg
Hst.
Glasenbach
Montforter
Hof
Lochhäusl
Glasenbachkl
Schloss
Hellbrunn
Stb.
Hst.
Hengstberg
778
Monats-
schlössl
Tiergarten
Hüttstatt
515
Hellbrunner Berg
Salzach
Schloss
Goldenstein
Elsbethen
(432)
Zaunerhof
Route 4
Großmann
eitsamer
Zieglau
astl
Anif
Schw
Haslach
(439)

Emily Walton

Salzburg

GEHEN, SEHEN & GENIESSEN

6 Routen durch die Stadt an der Salzach.
Geschichte, Kultur, Sightseeing, Stadtleben
Essen, Trinken

FALTER VERLAG

Mit freundlicher Unterstützung von Tourismus Salzburg GmbH

SALZBURG
Die Bühne der Welt

ISBN 978-3-85439-482-2

1011 Wien, Marc-Aurel-Straße 9
Tel. +43/1/536 60-0, Fax +43/1/536 60-935
E-Mail/Verlag: bv@falter.at
E-Mail/Bestellungen: service@falter.at
Web: faltershop.at

Autorin: Emily Walton

Lektorat: Helmut Gutbrunner

Bildredaktion: Ioulia Kondratovitch

Fotos: Die Fotos stammen großteils von Bryan Reinhart; detaillierter Bildnachweis auf Seite 134

Karten: arbeitsgemeinschaft kartographie

Umschlagdesign: Dirk Merbach

Grafik und Layout: Marion Großschädl, Reinhard Hackl

Produktion: Susanne Schwameis

Gedruckt in der EU

FSC www.fsc.org MIX Paper from responsible sources FSC® C057358

Wir danken Cornelia Thöni, Stadtführerin in Salzburg, Philipp Hacker-Walton, Katalin Horner-Gombar und Barbara Walton für hilfreiche Tipps.

Legende

- = Kaffeehaus
- = Restaurant, Gasthaus
- = Bar, Vinothek
- = Kultur
- = Shopping

1

2

3

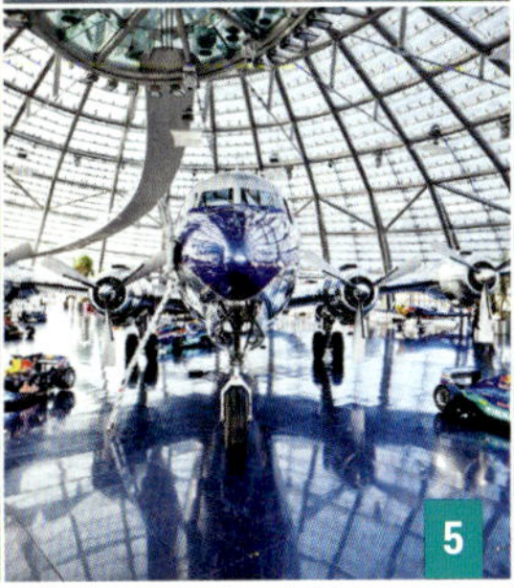
5

6
BAZAR
TERRASSE

Kapitelschwemme, im Mittelalter noch ein „Rosstümpel“

Mehr als nur Mozart

Denkt man an Salzburg, denkt man: Festspiele. Mozart. Und natürlich auch Mozartkugel. Haben Sie die Salzburger Köstlichkeit schon probiert? Diesen grünen Kern aus Pistazien-Marzipan, umhüllt mit Nougat, der dann in Schokolade getunkt wird. Die Mozartkugel kann sehr gut für ihre Stadt stehen: Sie ist einzigartig, exklusiv, außergewöhnlich, eine Begegnung wert. Manchmal kann sie aber auch ein wenig überteuert sein. (Wer in Salzburg eine einzelne, goldene Mozartkugel bei einem Kiosk kauft, wird schnell mal über einen Euro bezahlen. Lieber also im Supermarkt kaufen oder eine hauseigene, silberne Mozartkugel in den Konditoreien Fürst oder Schatz probieren!) Und für manche ist die Mozartkugel auch „picksüß", wie die Österreicher sagen würden. Ein wenig zu viel also.

Zugegeben, mitten in der Hochsaison, wenn die Temperaturen sich der 30-Grad-Marke nähern, sich die Menschenmengen durch die Getreidegasse schieben, kann Salzburg – das im Kern sehr ruhige Städtchen – auch etwas zu viel sein. Mozartkugeln, jodelnde Teddybären und Riesenbrezen an jeder Ecke.

Wählt man den August für den Salzburg-Besuch, kommt der Festspielhype hinzu. Salzburg hat einen ganz eigenen „Buzz", ein bisschen mediterranes Flair. Die High Society – Hollywoodstars, internationale Größen aus Politik und Wirtschaft, Mitglieder von Königsfamilien – begrüßt sich hier, um Künstler wie Anna Netrebko oder Nikolaus Harnoncourt live zu erleben. Etwas, das sie aber nicht exklusiv erfahren, sondern mit den Salzburgern und all jenen Besuchern teilen, die die große Kunst der Oper, des Theaters, der Musik lieben. Denn das Besondere an der Stadt Salzburg ist, dass sie sich selbst in dieser Zeit ihre Bodenständigkeit bewahrt. So kann es durchaus passieren, dass Touristen und Büroangestellte zu Mittag neben Operndiven und Festspieldirigenten sitzen – an ganz gewöhnlichen Biertischen (z. B. im Lokal Triangel). Man hat hier seine eigenen Regeln für den so beliebten Zeitvertreib des „Sehen-und-gesehen-Werdens".

Während der Festspielzeit wird in Salzburg alles üppiger, lauter, voller. (Hotels rechtzeitig buchen!) Restaurants und Museen verlängern ihre Öffnungszeiten, die Terrassencafés und Gastgärten erwachen zum Leben, vor den Eisgeschäften bilden sich Schlangen. Wer Glück hat, ergattert einen Platz auf dem begehrten Balkon des Café Tomaselli, um das rege Treiben in der Altstadt zu verfolgen und das ganz traditionelle Salzburg zu erleben: das Kaffeehaus – ein gediegener Ort der Gemütlichkeit. Ja, auch darum geht es in Salzburg. Um das Genießen.

An der Salzach, der Lebensader der Stadt, wird das Treiben ruhiger, die Festspiele und Mozart rücken in den Hintergrund. Die Salzburger radeln hier entlang der Fahrradwege. Salzburg ist eine unkomplizierte und aktive Stadt mit hoher Lebensqualität. Neben der Kultur gibt es eine gute Infrastruktur, die Obus-Linien decken das Stadtgebiet ab, die Bahn verbindet Salzburg mit den „großen Brüdern" Wien und München, zudem gibt es ein breites Bildungsangebot (viele Schultypen, Universitäten). Studenten genießen in Salzburg ihre Mittagspausen mitten im Grünen, im Naturraum Freisaal. Familien toben sich mit den Kindern im Zoo aus, Teenager verabreden sich zum Kino in den großen Cineplexx-Zentren, die zum Glück noch nicht die kleinen, eingesessenen Kinos verdrängt haben. Jung und Alt machen Spaziergänge über den Mönchsberg, den Kapuzinerberg. Die Sportlicheren besteigen die „echten" Berge, die über die Stadt wachen: den Gaisberg im Osten, den Untersberg im Süden. Letzterer diente als Kulisse für den Film „Sound of Music" aus dem Jahre 1965. Nicht nur, dass der Film mit der Schauspielerin Julie Andrews für zehn Oscars nominiert war, bereicherte er auch den Salzburg-Tourismus. Besonders die amerikanischen Gäste assoziieren Salzburg mit diesem beliebten Musikfilm.

Hat man sich erst einmal richtig ausgepowert, kann man sich in einer der vielen urigen Biergasthöfe laben. (Dabei trinken die Salzburger nicht nur Stiegl-Bier. Probieren sollte man ein „Augustiner Bräu" oder „Die Weisse" aus der Salzburger Weißbierbrauerei!) Die (Cocktail-) Bars verleihen das ganze Jahr hindurch Sommerfeeling.

Bei Schlechtwetter locken die Einkaufszentren am Stadtrand – etwa der Europark, der große Stolz der Salzburger (wegen der Architektur und wegen der großen Verkaufsfläche). Den verwinkelten H&M, in einem alten Bürgerhaus in der Getreidegasse untergebracht, überlässt man dann den Besuchern. Auch die Mozartkugel ist eher etwas für die Gäste. Der Salzburger hat längst ein anderes heimisches Produkt als Aushängeschild: Red Bull. Ein Name, der für mehr steht als für einen Energy-Drink. Red Bull bedeutet Medien (Servus-TV und *Servus*-Magazin), Gastronomie (Hangar-7, Carpe Diem) und Sport: Die Einheimischen halten zu ihrem Fußballteam Red Bull Salzburg.

Wer das wahre Salzburg entdecken möchte, sollte sich vor allem Zeit nehmen: um durch die oft menschenleere, mittelalterliche Steingasse zu spazieren; um einmal in die Wohngebiete zu fahren; um die Hellbrunner Allee bis zum Lustschloss Hellbrunn entlangzuspazieren und sich dort wie ein Erzbischof aus dem 17. Jahrhundert zu fühlen – im Sommer von den Wasserspielen erfrischt, im Winter vom Glühwein im Schlosshof gewärmt. Jede Jahreszeit färbt die Stadt anders. Zu jeder Jahreszeit ist sie einen Besuch wert.

Emily Walton

„Sphaera", Moderne trifft auf Tradition

Machthaber: die Erzbischöfe und das weiße Gold

Neben Mozart, Salzburger Nockerln und Christkindlmarkt wird allzu oft auf die namensgebende Kostbarkeit der Stadt vergessen: das Salz. Es prägte die Geschichte der Stadt. Das „weiße Gold“, das am südlich bei Hallein gelegenen Dürrnberg abgebaut wurde, verlieh den Salzburger Erzbischöfen große Macht. Über Jahrhunderte lenkten die geistlich-weltlichen Herrscher die Geschicke der Stadt. Viele von ihnen hinterließen im Stadtbild ihren persönlichen Stempel.

Kelten & Römer: die ersten Salzburger

Zur Zeit der Kelten im 5. und 6. Jh. v. Chr. erlebte die Salzproduktion im Salzburger Umland eine erste Blüte. Die Kelten waren auch frühe Besiedler der Stadt Salzburg – sie wohnten in Höhensiedlungen auf den Stadtbergen. Diese wurden allerdings kurz vor Christi Geburt aufgegeben, als die Römer das Terrain in Besitz nahmen und den Bau einer großflächigen Siedlung planten: Iuvavum.

Im Jahr 45 n. Chr. wurde Iuvavum zur Munizipalstadt – sie verwaltete sich weitgehend selbst. Das der Stadt unterstellte Territorium war größer als das heutige Bundesland Salzburg. Unter den Römern brach der Salzhandel allerdings vorübergehend ein. Im Jahr 488 wurde die Provinz Noricum im Zuge der Völkerwanderungen von den Römern aufgeben.

Salzburgs Aufstieg zur bayerischen Metropole

Im ausgehenden 7. Jh. berief Bayernherzog Theodo II. den Wormser Bischof Rupert nach Bayern und erteilte ihm den Auftrag, das Gebiet um Salzburg zu missionieren. Zu dieser Zeit residierte Theodos Sohn und Mitregent Theodbert bereits auf dem Salzburger Festungsberg. Die Herzöge schenkten Rupert eine Salzquelle (im nahegelegenen Bad Reichenhall) und die Reste der Stadt Iuvavum, eine verwaiste, verwüstete Stadt. Rupert ist für den Bau der Klöster St. Peter und Stift Nonnberg verantwortlich und soll auch eine Kirche gebaut haben. Er gilt heute als Gründungsheiliger der Stadt Salzburg und wird oft mit einem Salzfass in der Hand dargestellt. Nach dem Tod Ruperts wird Salzburg im Jahr 739 einer der Bischofssitze in Bayern – neben Regensburg, Passau u. a. Wiederum sechzig Jahre später, Ende des 8. Jh.s, wird Salzburg zur Metropole der bayerischen Kirchenprovinz. Arn ist der Name des ersten Erzbischofs, der ab 798 regiert.

Übrigens: Eine erste Erwähnung des deutschen Namens „Salzpurc" ist für die Zeit um 755 belegt, obwohl damals das Salz keine wirklich bedeutende Rolle mehr spielte. Erst im späten 12. Jh., als die Salzlager neu erschlossen wurden (siehe unten), rückte das Salz wieder etwas in den Vordergrund.

Salzburgs Erzbischöfe: zwischen Kaiser und Papst

Die Salzburger Erzbischöfe waren nicht nur geistliches Oberhaupt des Erzbistums, sondern gleichzeitig auch weltliche Herren des Fürstentums. Im 11. Jh. kam es zum Investiturstreit, Höhepunkt der andauernden Machtkämpfe zwischen Kaiser und Papst und den Landesfürsten. Damals regierte Erzbischof Gebhard (1060–1088)[1]. Er ergriff Partei für den damaligen Papst Gregor VII., die Diskrepanzen mit dem deutschen Kaiser Heinrich IV. wurden immer größer. Die Festung Hohensalzburg (erste Erwähnung 1077) und die Burg Hohenwerfen südlich von Salzburg wurden begonnen.

In den Jahrzehnten danach setzte sich der Streit zwischen Kaiser und Papst fort: 1166 verhängte Kaiser Friedrich I. von Barbarossa die Reichsacht über Salzburg. In der Folge kam es zu Großbränden in der Stadt, ausgelöst von Grafen, die dem Kaiser nahestanden. Zahlreiche Kirchen, darunter der Salzburger Dom, brannten ab.

Einige Jahre später, im späten 12. und frühen 13. Jh., gewann die Salzgewinnung wieder an Bedeutung. Mit der Wiederentdeckung der keltischen Salzbergwerke am Dürrnberg und dem Bau einer Saline in Hallein erreichte das Erzbistum einen enormen wirtschaftlichen Aufschwung. Eberhard II., Erzbischof von Salzburg (1200–1246), steigerte die Salzförderung durch den Ausbau der Stollen, das Salz wurde mittels Zillen auf der Salzach und dem Inn verschifft. Zudem unterbot der Erzbischof die üblichen Salzpreise.

Im 14. Jh. trennte sich Salzburg nach längeren Prozessen vom Mutterland Bayern. Unter Erzbischof Fried-

[1] Die in Klammer angeführten Jahreszahlen beziehen sich auf die jeweilige Regierungs- bzw. Amtszeit.

rich III. (1315–1338) nahm Salzburg an der Seite der Habsburger an der Schlacht bei Mühldorf am Inn teil, die mit einer Niederlage endete und für Salzburg große Verluste bedeutete. Der Salzburger Adel drängte Erzbischof Friedrich III., die erste Salzburger Landesordnung (1328) zu verfassen. Mit diesem Schritt löste sich das Erzbistum endgültig vom Mutterland Bayern. Salzburg wurde zu einem weitgehend selbstständigen Staat innerhalb des Heiligen Römischen Reiches. Der Erzbischof war fortan Landes- und Stadtherr, die Bürger blieben allerdings weiterhin in ihren Rechten stark eingeschränkt.

Für kurze Zeit erlangte Salzburg völlige Autonomie: Kaiser Friedrich III. legte im Ratsbrief fest, dass Stadtrat und Bürgermeister frei gewählt werden konnten. Doch diese Freiheit währte nicht lange: Erzbischof Leonhard von Keutschach (1495–1519) erwirkte die Annullierung. Unter ihm entstanden viele Bauwerke, auch die Festung baute er weiter aus. Er war der letzte Landesherr, der sein Land auf feudal-mittelalterliche Weise regierte. Nachfolger Matthäus Lang von Wellenburg (1519–1540) war humanistisch gebildet. Er erließ 1524 die „Stadt- und Polizeiordnung", welche größtenteils die Stadtverwaltung bis zum Ende der geistlichen Herrschaft regelte. Kennzeichnend für Langs Regierungsperiode sind die Verbreitung des protestantischen Glaubens und der Salzburger Bauernkrieg: 1525 verbündeten sich die Stadtbewohner mit den aufständischen Bauern. Der Erzbischof floh auf die Festung, die wochenlang belagert wurde.

Neue Bauvorhaben machen Salzburg zur Barockstadt

Schlendert man heute durch Salzburg, so begegnet man immer wieder Fürsterzbischof Wolf Dietrich von Raitenau (1587–1612), oder besser den Bauten, die er errichten ließ. Der despotische Herrscher war ein Vertreter des Absolutismus und bestrebt, dem mittelalterlichen Salzburg ein neues, frühbarockes Erscheinungsbild zu geben. Dazu ließ er ganze Bürgerhäuserzeilen abreißen. Die alte Residenz wurde umgestaltet, die neue auf der gegenüberliegenden Seite des Residenzplatzes errichtet. Für seine Geliebte Salome Alt ließ der Erzbischof das Schloss Mirabell auf der anderen Salzachseite bauen. (Damals hieß das Schloss „Altenau" und war wesentlich kleiner als heute.) Auch die Gartenanlage wurde erst viel später von Erzbischof Johann Ernst von Thun (1687–1709) in Auf-

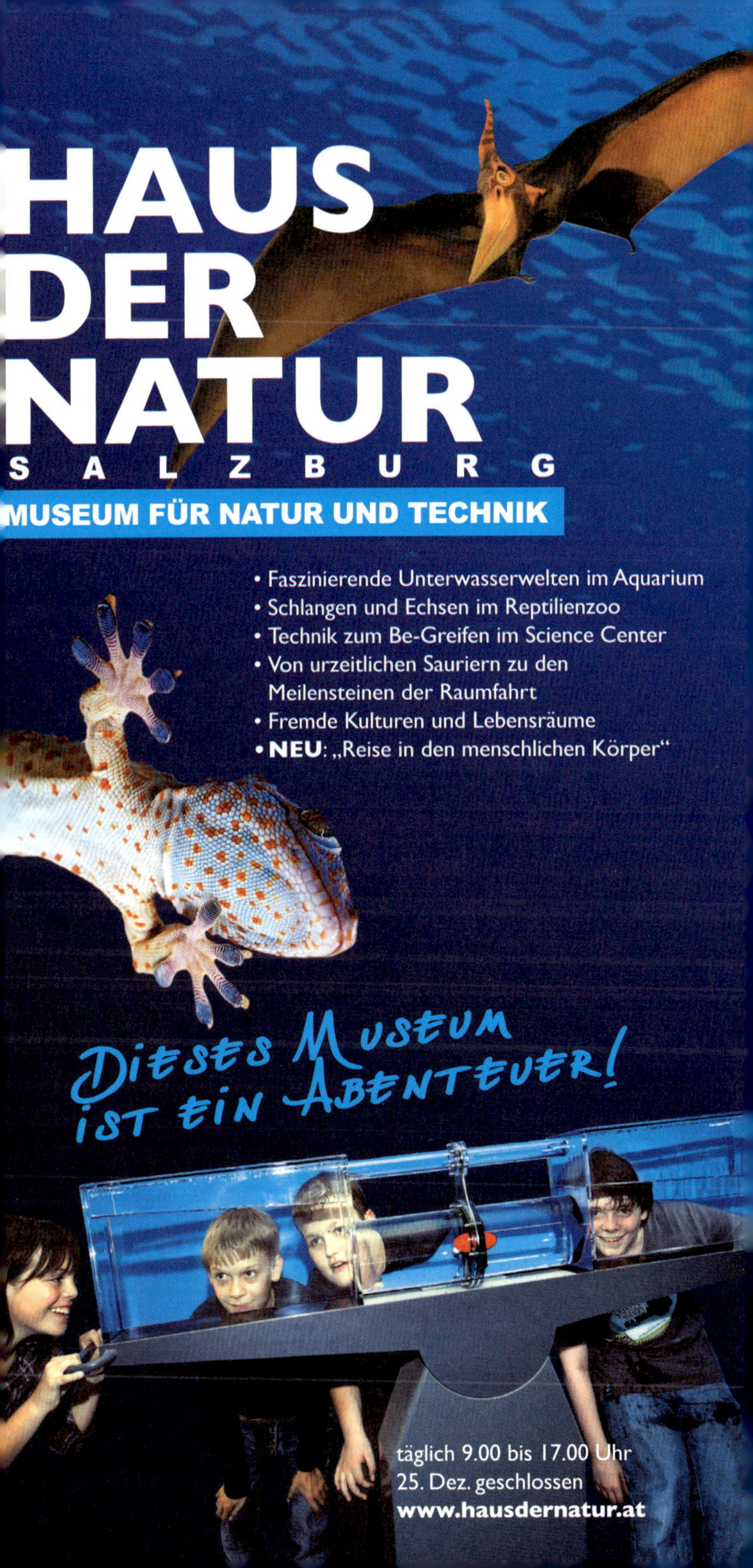
HAUS
DER
NATUR
SALZBURG
MUSEUM FÜR NATUR UND TECHNIK
• Faszinierende Unterwasserwelten im Aquarium
• Schlangen und Echsen im Reptilienzoo
• Technik zum Be-Greifen im Science Center
• Von urzeitlichen Sauriern zu den Meilensteinen der Raumfahrt
• Fremde Kulturen und Lebensräume
• NEU: „Reise in den menschlichen Körper"
Dieses Museum ist ein Abenteuer!
täglich 9.00 bis 17.00 Uhr
25. Dez. geschlossen
www.hausdernatur.at

trag gegeben. Wolf Dietrichs Abschied aus dem Amt war allerdings halb so glanzvoll: Er hatte Konflikte mit den Bayern wegen des Salzhandels (= Salzkriege) und floh. Doch wurde er von den Bayern gefangen genommen und bis an sein Lebensende im Kerker der Festung Hohensalzburg festgehalten.

Auch sein Nachfolger Markus Sittikus (1612–1619) ist für seine baulichen Aktivitäten bekannt: Er ließ das Schloss Hellbrunn errichten und beauftragte den Neubau des Doms. (Dieser war bei einem Brand 1598 weitgehend zerstört worden.) Der Dombau wurde von seinem Nachfolger Paris Graf Lodron (1619–1653) vollendet. Paris Lodron gilt als einer der bedeutendsten Landesfürsten: Er schaffte es, Salzburg aus dem Dreißigjährigen Krieg, der in Europa von 1618 bis 1648 wütete, herauszuhalten. Er ließ Befestigungsmauern errichten und machte die Stadt zu einem Bollwerk. Eines seiner weiteren Verdienste war die Gründung der Benediktineruniversität (1622/1623), die bis 1810 bestand. Die heutige Salzburger Universität, die 1962 errichtet wurde, trägt seinen Namen.

Mozart und der Erzbischof

Erzbischof Christoph von Schrattenbach (1752–1771) ist den Salzburgern als Förderer der Familie Mozart in Erinnerung geblieben. Leopold Mozart, Vater von Wolfgang Amadeus, war bei ihm Kapellmeister und Hofkomponist. Schrattenbach war für seine Freigebigkeit bekannt, nach seiner Regentschaft war das Land hoch verschuldet. Der letzte Erzbischof, der noch als geistlich-weltliches Oberhaupt die Stadt Salzburg regierte, war Hieronymus Graf Colloredo (1772–1812, nur bis 1803 Landesfürst).

Die Habsburger und das Ende des Salzhandels

1803 gelangte Salzburg erstmals in den Besitz der österreichischen Dynastie der Habsburger, in den Folgejahren wechselte die Herrschaft zwischen Österreich, Bayern und sogar Frankreich, bis Salzburg 1816 endgültig Teil der Habsburgermonarchie wurde. Die Erzbischöfe waren fortan nur für geistliche Belange zuständig. Unter den Habsburgern ging es mit dem Salzhandel bergab, da sie eigene Salzbergwerke in Hallstatt und Bad Ischl besaßen. 1989 endete die Salzgewinnung am Dürrnberg endgültig. Heute ist hier ein Schaubergwerk, das Zeugnis und Tribut für den Bergbau und für den Einfluss der Erzbischöfe ist.

Zeittafel

Mitte der Steinzeit: erste Höhlensiedlungen im Gebiet um Salzburg.

Ca. 500 v. Chr. Salzburg wird von den Kelten besiedelt. Sie beginnen mit dem Salzabbau. Im 1. Jh. v. Chr. kommt es zur Bildung des keltischen Königreichs „Noricum".

15 v. Chr. Noricum wird von Tiberius unterworfen und zur römischen Provinz.

45 n. Chr. bis 488 n. Chr. Der römische Kaiser Claudius ernennt die Stadt zum „Municipium Claudium Iuvavum". Der Verwaltungsbereich der Stadt umfasst die heutigen Gebiete Bayern und Oberösterreich.

5. Jh. Die Römer ziehen sich vor den Ostgoten zurück.

Um 700 Rupert, Bischof von Worms, erhält das Salzburger Gebiet von Theoder II., Herzog von Bayern, um es zu missionieren. Er errichtet das Kloster Nonnberg und belebt das Kloster St. Peter wieder, das bereits im 5. Jh. existiert haben soll.

739 Salzburg wird Bistum.

798 Salzburg wird auf Wunsch Karls des Großen Erzbistum. Arn von Salzburg ist der erste Erzbischof. Das Salzburger Land wächst durch Schenkungen bayerischer Herzöge und deutscher Könige.

996 Otto III. verleiht Salzburg das Markt-, Zoll- und Münzrecht.

1077 Der Bau der Festung Hohensalzburg beginnt. Zeit des Investiturstreits (= Machtkampf zwischen weltlichen und klerikalen Kräften). Erzbischof Gebhard stellt sich auf die Seite Roms.

1166 Kaiser Friedrich I. Barbarossa verhängt im Zuge eines Machtkampfs mit Papst Alexander III. die Reichsacht über das Erzbistum Salzburg. In der Folge werden weite Teile der Stadt niedergebrannt.

1169 Salzburg wird der kaiserlichen Verwaltung unterstellt.

1200 Erzbischof Eberhard II. sorgt mit der Wiederinbetriebnahme der Saline in Hallein für einen wirtschaftlichen Aufschwung.

13. Jh. Befestigung der Stadt. Bau der Stadtmauer beginnt.

1328 Erzbischof Friedrich III. erlässt eine eigene, vom bayerischen Recht unabhängige Landesordnung für Salzburg.

1348 Pestepidemie in Salzburg. Ein Drittel der Bevölkerung stirbt.

1481 Salzburg erhält den „Großen Ratsbrief" von Kaiser Friedrich III. und hat so die Rechte einer freien Reichsstadt. Dies führt zu Streitigkeiten zwischen Geistlichkeit und Bürgertum.

1511 Erzbischof Leonhard von Keutschach beendet die Autonomie der Stadt: Er lässt die Ratsherren verhaften und zwingt sie, auf die Selbstverwaltungsrechte zu verzichten.

1525 Bauernaufstand. Drei Monate lang wird der Erzbischof auf der Festung Hohensalzburg belagert. Erfolglos. Zu dieser Zeit wirken der Komponist Paul Hofhaimer und der Arzt und Chemiker Paracelsus in Salzburg.

1587–1612 Erzbischof Wolf Dietrich von Raitenau regt große Bautätigkeit – im Renaissancestil – an. Diese wird unter Erzbischof Markus Sittikus von Hohenems (1612–1619) fortgesetzt. Unter Wolf Dietrich ist Salzburg Zentrum der Gegenreformation: 1588 werden die Protestanten des Landes verwiesen.

1619–1653 Erzbischof Paris Lodron treibt die Befestigung der Stadt voran. Durch seine Politik (Neutralität) hält er Salzburg aus dem Dreißigjährigen Krieg heraus. 1622 wird die Universität gegründet (die 1810 wieder aufgelöst wird). 1628 erfolgt die Einweihung des Doms.

1687–1709 Künstlerische Neuorientierung unter Erzbischof Johann Ernst Graf von Thun. Baumeister Johann Bernhard Fischer von Erlach baut die Stadt in barocken Stil aus.

1756 Geburt Wolfgang Amadeus Mozarts. Erzbischof Hieronymus Graf Colloredo ist der letzte Fürsterzbischof und somit der letzte geistliche Stadtherr.

1803 Großherzog Ferdinand III. von Toskana wird nach der Säkularisierung im Zuge der Napoleonischen Kriege erster weltlicher Kurfürst.

1816 Als Ergebnis des Wiener Kongresses kommt Salzburg – nach mehrmaligem Regierungswechsel (1810 Wiederangliederung an Bayern) – endgültig zu Österreich.

1818 In Oberndorf bei Salzburg erklingt zum ersten Mal das Weihnachtslied „Stille Nacht, heilige Nacht".

1850 Salzburg wird zum selbstständigen Kronland des österreichischen Kaisertums. 1861 tritt der erste gewählte Landtag zusammen.

1860 Die Kaiserin-Elisabeth-Bahn, die Wien, Salzburg und München verbindet, wird eröffnet. Der Tourismus erlebt einen Aufschwung.

1907 Erste Osterfestspiele.

1917 Gründung der „Salzburger Festspielhaus-Gemeinde" durch Hugo von Hofmannsthal, Max Reinhardt und Richard Strauss.

1920 Am 22. August beginnen die ersten Salzburger Festspiele mit der Uraufführung des „Jedermann" auf dem Domplatz. Große Dirigenten wie Herbert von Karajan und bedeutende Inszenierungen verhelfen den Salzburger Festspielen zu Weltruhm.

1944/45 Bombardierung der Stadt, 4. Mai 1945 Übergabe an die Amerikaner.

1962 Universitätsbetrieb wird wieder aufgenommen.

1997 Die Salzburger Altstadt wird Weltkulturerbe der Unesco.

2001 Das neue Fußballstadion Wals-Siezenheim wird errichtet und 2003 eröffnet.

2004 Erstmals wird die SPÖ (Sozialdemokraten) stärkste politische Partei im Bundesland Salzburg (zuvor: ÖVP, Volkspartei). Gabi Burgstaller ist die erste Landeshauptfrau. In diesem Jahr wird auch das Museum der Moderne auf dem Mönchsberg eröffnet.

2006 250. Geburtstag Wolfgang Amadeus Mozarts. Die Umbauten des Kleinen Festspielhauses zum „Haus für Mozart" sind abgeschlossen.

2008 Salzburg ist einer der Austragungsorte der Fußball-Europameisterschaft.

2014 Fertigstellung des Salzburger Hauptbahnhofs.

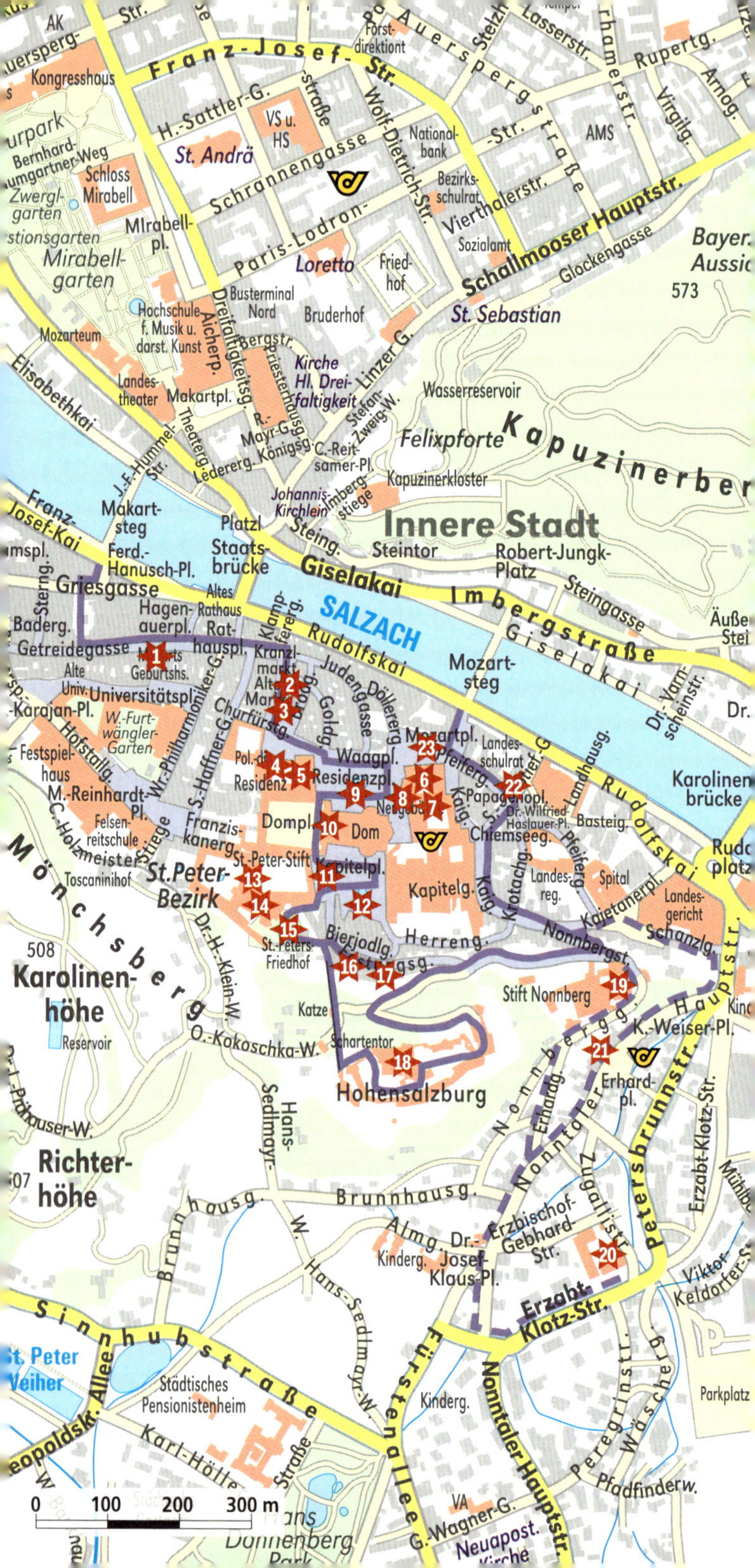

Franz-Josef-Str.
Kongresshaus
Schloss Mirabell
Mirabellgarten
Zwerglgarten
Bernhard-Baumgartner-Weg
Mirabellpl.
St. Andrä
VS u. HS
H.-Sattler-G.
Schrannengasse
Nationalbank
Forstdirektion
Auerspergstraße
Wolf-Dietrich-Str.
Paris-Lodron-
Loretto
Bezirksschulrat
Vierthalerstr.
Sozialamt
Schallmooser Hauptstr.
Lasserstr.
Rupertg.
AMS
Virgilg.
Glockengasse
Bayer. Aussic
573
Friedhof
Bruderhof
St. Sebastian
Busterminal Nord
Hochschule f. Musik u. darst. Kunst
Mozarteum
Dreifaltigkeitsg.
Aicherp.
Bergstr.
Priesterhausg.
Kirche Hl. Dreifaltigkeit
Linzer G.
Stefan-Zweig-W.
Wasserreservoir
Landestheater
Makartpl.
Theaterg.
Felixpforte
Kapuzinerberg
Elisabethkai
J.-F.-Hummel-Str.
R.-Mayr-G.
Ledererg.
Königsg.
C.-Reitsamer-Pl.
Kapuzinerkloster
Johannis-Kirchlein
Imbergstiege
Makartsteg
Franz-Josef-Kai
Platzl
Staatsbrücke
Steing.
Innere Stadt
Steintor
Robert-Jungk-Platz
Ferd.-Hanusch-Pl.
Giselakai
Imbergstraße
Steingasse
Griesgasse
Hagenauerpl.
Altes Rathaus
Rathauspl.
Klampferer g.
SALZACH
Rudolfskai
Badergasse
Getreidegasse
Mozarts Geburtshs.
Kranzlmarkt
Alter Markt
Judengasse
Mozartsteg
Alte Univ.
Universitätspl.
Karajan-Pl.
W.-Furtwängler-Garten
Churfürstg.
Goldg.
Döllererg.
Mozartpl.
Landesschulrat
Dr.-Franz-Rehrl-Pl.
Festspielhaus
Hofstallg.
Wr.-Philharmoniker-G.
S.-Haffner-G.
Pol.-dir.
Residenz
Residenzpl.
Waagpl.
Neugebäude
Pfeiferg.
Kaig.
Papagenopl.
Dr.-Wilfried-Haslauer-Pl.
Landhausg.
Basteig.
Karolinenbrücke
M.-Reinhardt-Pl.
Felsenreitschule
C.-Holzmeister-Stiege
Franziskanerg.
Dompl.
Dom
Chiemseeg.
Rudolfspl.
Mönchsberg
Toscaninihof
St.-Peter-Stift
Kapitelpl.
Kapitelg.
Krotachg.
Landesreg.
Spital
Landesgericht
St. Peter-Bezirk
Kajetanerpl.
Schanzlg.
Herreng.
Nonnbergst.
508
Karolinenhöhe
Dr.-H.-Klein-W.
St.-Peters-Friedhof
Bierjodlg.
Festungsg.
Stift Nonnberg
Reservoir
Katze
Schartentor
K.-Weiser-Pl.
Hauptstr.
O.-Kokoschka-W.
Hohensalzburg
Nonnbergg.
Erhardpl.
Erhardg.
Nonntaler
Petersbrunnstr.
Erzabt-Klotz-Str.
Dr.-L.-Prähauser-W.
Richterhöhe
Hans-Sedlmayr-W.
Brunnhausg.
Almg.
Kinderg.
Dr.-Josef-Klaus-Pl.
Erzbischof-Gebhard-Str.
Zugallistr.
Viktor-Keldorfer-S.
Sinnhubstraße
St. Peter Weiher
Leopoldskr. Allee
Städtisches Pensionistenheim
Karl-Höller-Straße
Fürstenallee
Nonntaler Hauptstr.
Peregrinstr.
Wäscherg.
Parkplatz
Pfadfinderw.
VA
G.-Wagner-G.
Neuapost. Kirche
Hans-Donnenberg-Park
0 100 200 300 m
1 2 3 4 5 6 7 8 9 10 11 12 13 14 15 16 17 18 19 20 21 22 23

1 Die Altstadt: von Mozartkugel bis Festungskonzert

Ausgangspunkt: Ferdinand-Hanusch-Platz (Bushaltestelle Linien 1, 4, 8, 7, 10)
Endpunkt: Mozartsteg (Bushaltestelle Linien 3, 5, 6, 8, 10)
Dauer: ca. 3 Stunden (ohne Museen), Exkurs ca. 45 Minuten

★ UNBEDINGT HINGEHEN

- → Mozarts Geburtshaus
- → Residenz
- → Dom
- → St. Peter
- → Festung Hohensalzburg

Die Route: Ferdinand-Hanusch-Platz – Griesgasse – Sternpassage – Getreidegasse (1 Mozarts Geburtshaus) – Alter Markt (2 Marktbrunnen, 3 Alte Fürsterzbischöfliche Hofapotheke) – Brodgasse – Residenzplatz (4 Residenz, 5 Residenzgalerie, 6 Neue Residenz, 7 Salzburg Museum, 8 Glockenspiel, 9 Residenzbrunnen) – Domplatz (10 Dom) – Kapitelplatz (11 „Sphaera", 12 Kapitelschwemme) – 13 St. Peter (14 Stiftskirche, 15 St.-Peter-Friedhof), Festungsgasse (16 Binderhaus, 17 Stieglkeller) – 18 Festung Hohensalzburg – Fußweg hinunter – Hoher Weg (19 Stift Nonnberg) – Nonnbergstiege – [Exkurs: Erhardgässchen – Nonntaler Hauptstraße (21 Erhardkirche) – Petersbrunnhof (20 Schauspielhaus)] – Kaigasse – Papagenoplatz (22 Papagenobrunnen) – Mozartplatz (23 Mozart-Denkmal) – Mozartsteg

Der erste Teil der Tour führt durch die Altstadt Salzburgs, zeigt die klassischen Touristenattraktionen – die Getreidegasse, die Residenz, den Salzburger Dom und natürlich das Wahrzeichen der Stadt, die Festung. Der zweite Teil führt durch den Stadtteil Nonntal, ein beliebtes Siedlungsgebiet abseits des Tourismus.

Etappe 1: Getreidegasse und 1 Mozarts Geburtshaus

Ausgangspunkt für unsere Route ist der Ferdinand-Hanusch-Platz, eine zentrale Bushaltestelle mitten in der Innenstadt. Dahinter fließt die Salzach, der Makartsteg führt hinüber zur rechten Stadtseite. Der leichte Fischgeruch, der in der Luft liegen mag, kommt von → **Fisch Krieg** (Ferdinand-Hanusch-Platz 4, Tel. 0662/84 37 32, Mo–Fr 8.30–18.30 Uhr, Sa 8.30–13 Uhr). Das Fischlokal ist eine Salzburger Institution und wurde von Heinz Krieg 1926 gegründet. Bereits seine Vorfahren waren bedeutende Fischhändler in der Stadt.

Getreidegasse: touristische Lebensader

Um vom Ferdinand-Hanusch-Platz in das Herz der Stadt, in die Getreidegasse, zu gelangen, überqueren wir an der Fußgängerampel die Griesgasse. Von der Griesgasse aus führen viele verschiedene Durchgänge zur Getreidegasse. Diese öffentlichen Passagen heißen „Durchhäuser" und sind charakteristisch für die Getreidegasse. Wir wählen die Sternpassage, jenen Durchgang, der leicht rechts von der Fußgängerampel liegt und zum → **Sternbräu** (Griesgasse 23–25, Tel. 0662/84 21 40, www.sternbraeu.at, tägl. 10–24 Uhr) führt. Der Braugasthof wurde erstmals im Jahr 1542 namentlich als „Pierprew" (Bierbrauerei) erwähnt. Der Name „Sternbräu" geht auf die frühere Bezeichnung „Goldner Stern" zurück, die wiederum bezieht sich auf die unter Paris Lodron, von 1619 bis 1653 Erzbischof von Salzburg, errichtete Sternbastei, die allerdings später geschleift wurde. Im Brauhaus wird seit dem frühen 20. Jh. nicht mehr gebraut. Die Brauerei wurde in den Stadtteil Riedenburg verlegt, heute existiert sie nicht mehr. Auch das benachbarte „Alte Sterngasthaus" gibt es nicht mehr, es wurde nach 2007 in Luxuswohnungen umgebaut. Der Braugasthof „Sternbräu" wurde 2014 renoviert und modernisiert.

Vom Innenhof führt uns ein Durchhaus in die Getreidegasse, die touristische Lebensader der Stadt. Sie verläuft vom Bürgerspital am Fuß des Mönchsbergs (→ Route 3) bis zum Alten Markt, die Judengasse bildet ihre Fortsetzung, die wiederum bis zum Waagplatz führt. Am Waagplatz befanden sich die allerersten Kaufmannssiedlungen, die sich dann flussabwärts und bis zum Mönchsberg hin ausbreiteten. Bevor Fürsterzbischof Wolf

Dietrich von Raitenau (1587–1612) Straßenverbindungen anlegen ließ, war die Getreidegasse der einzige durchgängige Straßenzug. Viele der Häuser haben prachtvolle barocke Fassaden, viele gehen aber auf das Mittelalter zurück. Ursprünglich hieß diese Gasse „Trabe-", „Trab-" oder „Travgasse", wobei „traben" so viel wie „laufen" bedeutete. Später wandelte sich der Name in Tragasse und Traidgasse, dann schließlich in Getreid(e)gasse.

Heute lenken die vielen Geschäfte – internationale Modelabels, aber auch einige Salzburger Geschäfte – mit ihren exquisiten Auslagen die Aufmerksamkeit der Passanten auf sich. Im Sommer, in der Hauptsaison, ist die Getreidegasse oft so voll, dass man einfach nur durchgeschoben wird. Daher ein Tipp: Übersehen Sie im Trubel nicht die alten (und neuen) Zunft- und Geschäftsschilder, die für die Getreidegasse so typisch sind. (Selbst das McDonald's-„M" ist ein geschmiedetes Schild.) Ein Großteil dieser Schilder wird von der → **Schlosserei Wieber** (Getreidegasse 28, Tel. 0662/84 54 10, Mo 8–17, Di–Do 7.30–17, Fr 7.30–12 Uhr) hergestellt. Diese befindet sich gleich links, wenn wir von der Sternpassage in die Getreidegasse einbiegen. Wagen Sie sich ruhig in den Innenhof: Hier sind immer einige Auftragsarbeiten ausgestellt, sodass man einen guten Eindruck bekommt, was in dieser Schlosserei produziert wird. Seit 1415 geht man hier dem Schlosserhandwerk nach.

Die Schlosserei Wieber ist nicht der einzige Traditionsbetrieb in dieser Gegend, allerdings werden die alteingesessenen Betriebe oft übersehen, da sie recht klein sind. Achten Sie daher auf die Hausnummern: Die → **Schirmmanufaktur Kirchtag** (Getreidegasse 22, Tel. 0662/84 13 10, www.kirchtag.com, Mo–Fr 8–18, Sa 9–17 Uhr) ist nur ein paar Meter von der Schlosserei Wieber entfernt. Seit 1903 ist dieser Schirmmacher in der Getreidegasse angesiedelt, seit 1942 sind Firma und Geschäft auf Nr. 22.

Die Regenschirme von Salzburg

Geheimtipp: die Likör- und Punschmanufaktur Sporer

Kennzeichen für die hochwertigen Stockschirme sind die schönen Holzgriffe, die über Dampf gebogen werden. Es werden auch Schirme nach Kundenwunsch angefertigt – etwa passend zur Krawatte. Neben Schirmen gibt es bei Kirchtag auch Handschuhe, Koffer, Rucksäcke, Handtaschen.

Wieder zwei Türen weiter befindet sich die → **Teppichweberei Weiß** (Getreidegasse 18a, Tel. 0662/84 54 87, www.handweberei.at, Mo–Fr 9–18, Sa 9–12 Uhr) – wenn auch etwas versteckt. Bei Haus Nr. 18 gibt es einen kleinen Durchgang, der in einen Innenhof, den sogenannten Niederleghof, führt. Hier ist die Werkstatt, die auf das Jahr 1843 zurückgeht.

Der Gaumen kommt in der Getreidegasse freilich nicht zu kurz: Wer sich an einem kälteren Tag mit etwas Hochprozentigem wärmen will, der findet das Richtige in der → **Likör- und Punschmanufaktur Sporer** (Getreidegasse 39, Tel. 0662/84 54 31, www.sporer.at, Mo–Fr 9.30–19, Sa 8.30–17 Uhr). In vierter Generation berät man Kunden über Liköre, Brände, Schnäpse und auch Wein. Ein Insidertipp ist der Orangenpunsch, der nach einem alten Familienrezept hergestellt wird. Manchmal kann es etwas gedrängt sein – denn das Geschäft ist im schmalsten Haus der Getreidegasse untergebracht.

Etwas auffälliger ist da das Geschäft → **Azwanger** (Getreidegasse 15, Tel. 0662/84 33 94, www.azwanger.at, Mo–Fr 10–18, Sa und So bis 17 Uhr), das schon über 350 Jahre Tradition hat. Zwar fühlt man sich im ersten Moment wie in jedem anderen Touristenshop (Mozartkugeln, -taler und Likörfläschchen türmen sich hier), weiter hinten im Geschäft gibt es aber Marmeladen, Weine, Essige, Öle und andere Delikatessen.

Tipp: Um wirklich ein Gefühl für die Getreidegasse zu bekommen, empfiehlt sich ein Besuch am frühen Morgen, bevor sich die Touristentrauben bilden!

Haus Nr. 9 ist die Hauptattraktion der Getreidegasse: 1 **Mozarts Geburtshaus** (Getreidegasse 9, Tel. 0662/84

43 13, www.mozarteum.com, tägl. 9–17.30 Uhr, Juli und August bis 20 Uhr). Die Familie Mozart wohnte 26 Jahre im dritten Stock des sogenannten Hagenauer Hauses. (Es ist übrigens ein typisches Haus für die Getreidegasse, mit prächtigem Hausportal. Die Fenster werden vom ersten Stock an kleiner.) Wolfgang Amadeus Mozart wurde hier am 27. Januar 1756 geboren und auch von seinem Vater unterrichtet, bevor das musikalische „Wunderkind" zum großen Komponisten avancierte. Vater Leopold Mozart, Komponist und fürsterzbischöflicher Kapellmeister, begleitete seinen Sohn zu Konzerten an Fürstenhöfen in ganz Europa. Wolfgang Amadeus, auch „Wolferl" genannt, hatte trotz des frühen Ruhms eine durchwachsene Karriere: 1772 wurde er Konzertmeister des Erzbischofs, später dann – widerwillig – Hoforganist in Salzburg. Wegen der andauernden Streitereien mit dem Erzbischof gab er diesen Beruf auf, um als freischaffender Komponist in Wien zu leben. Hier heiratete er Constanze Weber. (Deren Grab werden wir auf der Route 2 besichtigen.) Mozart starb im Alter von 35 Jahren nach einer Krankheit. In der Todesurkunde stand „Hitziges Frieselfieber" und „Brustwassersucht". Sein Tod bleibt aber geheimnisvoll, es gibt auch Vermutungen, dass er vergiftet wurde.

Bereits 1880 wurde in seinem Geburtshaus in der Getreidegasse ein Museum eingerichtet. Eines der berühmtesten Exponate ist Mozarts Kindergeige. Seit wenigen Jahren gibt es hier ein neues, dreiteiliges Ausstellungsprogamm: Im ersten Stock wird der „Alltag eines Wunderkindes", im zweiten „Mozart auf dem Theater" und im dritten Stock „Die Mozarts – eine Familie stellt sich vor" gezeigt. Thomas Wizany, Architekt und auch bekannter Karikaturist der Tageszeitung *Salzburger Nachrichten*, stellte das neue Konzept zusammen.

Mozarts Geburtshaus: „Wolferls" erstes Zuhause

Mozarts Geburtshaus ist nicht zu übersehen, da sich fast immer eine Menschentraube darum bildet. Weniger auffällig ist ein benachbartes Kleinod der Stadt, die → **Konditorei Schatz** (Getreidegasse 3a, Tel. 0662/84 27 92, www.schatz-konditorei.at, Mo–Fr 8.30–18.30 Uhr, Sa 8–17 Uhr), die sich im Schatz-Durchhaus (wir gehen bei Nr. 3 hinein) befindet. Sie ist eine der kleinsten Salzburgs – und eine der besten. Seit 1983 führt Konditormeister Erich Winkler die Konditorei, die 1850 von Karl Schatz gegründet wurde. Die Gäste sitzen unter einem weißgestrichenen gotischen Gewölbe und können die wunderbaren Torten und Mehlspeisen durchprobieren (herrlich z. B. die Schoko-Mohn-Torte und die Kirschröllchen). Es gibt auch eigene Schatz-Mozartkugeln. Anders als die in Goldfolie verpackten der Firma Mirabell, sind diese in silber-blauem Papier eingewickelt. (Zur Geschichte der Mozartkugel später, wenn wir die Konditorei Fürst am Alten Markt besuchen, → S. 26)

Etappe 2: 2 bis 9 Alter Markt bis Residenz

Wir verlassen das Schatz-Durchhaus und setzen unseren Weg durch die Getreidegasse fort. Bald erreichen wir den Alten Markt, ein Markt- und Handelsplatz aus dem 13. Jh. Bis ins 19. Jh. wurde der Alte Markt als Wochenmarktplatz genutzt, auch Festlichkeiten – etwa der Pfingsttanz oder das Johannisfeuer zur Sonnwendfeier – fanden hier statt.

Marktbrunnen am Alten Markt

In der Mitte des Platzes steht der 2 **Marktbrunnen** aus dem 15. Jh., der dem heiligen Florian geweiht ist. Er sollte nicht nur die Wasserversorgung für Haushalte sicherstellen, sondern auch im Fall von Bränden Löschwasser bereithalten. (Damals waren brandanfällige Fachwerkhäuser weit verbreitet.) Das Wasserbecken wurde im 16. Jh. aufgestellt, das Brunnenbecken folgte im 17. Jh. Die Rokokofigur des heiligen Florian von Josef Anton Pfaffinger stammt aus dem Jahr 1734.

Ein Großteil der Häuser auf dem Alten Markt geht auf das Mittelalter zurück, heute sind aber viele frühneuzeitlich geprägt. Die Bürgerhäuser hier zählen zu den schönsten der Stadt. Die **3 Alte Fürsterzbischöfliche Hofapotheke** (Alter Markt 6, Tel. 0662/84 36 23, www.hofapotheke.at, Mo–Fr 8–18, Sa 8–12 Uhr) auf der linken Seite des Platzes ist seit dem 16. Jh. hier, bemerkenswert ist die hübsche Rokoko-Einrichtung – und auch die etwas anderen Mitbringsel: Die Hofapotheke stellt eigene Tees, Pastillen und Salben (etwa: Ringelblumen- oder Salzburger Haussalbe) her.

Alte Fürsterzbischöfliche Hofapotheke

Die Apotheke befand sich früher im Nebenhaus, im Haus Nr. 7. Hier ist heute das → **Schokoladen- und Confiseriegeschäft Holzermayr** (Alter Markt 7, Tel. 0662/84 23 65, www.holzermayr.at) untergebracht. Josef Holzermayr aus Werfen im Süden Salzburgs war k. u. k. Hoflieferant. 1913 eröffnete er sein Geschäft am Alten Markt. In nostalgischem Umfeld wird ein üppiges Sortiment an Schokoladen, Pralinen und Marzipan angeboten. (Je nach Jahreszeit entsprechend geformt: Ostereier, Weihnachtsmänner, Valentinstagherzen.) Nicht zu verwechseln ist der Holzermayr-Laden mit dem → **Reber-Geschäft** (Alter Markt 5, Tel. 0662/84 13 00, www.reber-spezialitäten.de, Mo–Fr 10–18, Sa 10–17 Uhr). Reber (Stammsitz: Bad Reichenhall, Bayern) stellt Mozartkugeln und Mozartschokolade her, im Geschäft darf somit Mozarts Musik nicht fehlen. Besonders zu empfehlen sind die Ostereier, gefüllt mit Prosecco- oder Rum-Creme.

Auf der gegenüberliegenden Seite des Platzes befindet sich das kleinste Haus der Altstadt: Nr. 10a. Es ist nur 1,42 Meter breit und steht direkt neben dem berühmten → **Café Tomaselli** (Alter Markt 9, Tel. 0662/84 44 88, www

Marzipan, Nougat, Schokolade …

Begehrter Platz in der Stadt: der Balkon des Café Tomaselli

.tomaselli.at, Mo–Sa 7–20, So, Fei 8–20 Uhr, im Sommer bis 21 Uhr). Das Tomaselli ist das älteste Kaffeehaus der Stadt, gegründet wurde es 1705, zunächst in der Goldgasse, seit 1764 befindet es sich am Alten Markt. Wolfgang Amadeus Mozart, Hugo von Hofmannsthal und Herbert von Karajan waren regelmäßige Gäste hier. (Übrigens: Von 1820 bis 1826 soll Mozarts Witwe Constanze auch in diesem Gebäude gewohnt haben.) Wer Glück hat, erwischt bei Sonnenschein einen Platz auf dem beliebten Balkon. Im Sommer hat auch der Tomaselli-Kiosk, ein Pavillon aus dem Jahr 1860 (schräg gegenüber), geöffnet. Das Tomaselli ist allerdings nicht das einzige Traditionscafé auf diesem Platz. Gegenüber, dort, wo die Brodgasse auf den Alten Markt trifft, finden wir die → **Konditorei Fürst** (Brodgasse 13, Tel. 0662/84 37 59, www.original-mozartkugel.com, Mo–Sa 8–20, So 9–20 Uhr, im Sommer länger geöffnet), die heute vom Urenkel Paul Fürsts geleitet wird. Paul Fürst schuf 1890 die Mozartkugel, die er 15 Jahre später bei der Pariser Internationalen Gewerbeausstellung präsentierte und dafür eine Goldmedaille gewann. Die Mozartkugel – eine Schokoladenkugel mit Nougat-Pistazien-Marzipan-Füllung – wird in der Konditorei Fürst noch immer handwerklich erzeugt. Das Stammkaffeehaus in der Brodgasse existiert seit 1884. Weitere Fürst-Cafés gibt es am Mirabellplatz und im Ritzerbogen (→ Route 3).

Wem es bei Tomaselli und Fürst – zwei Touristenmagneten – zu laut ist, der sollte in die Brodgasse hineingehen. Hier befindet sich eine Filiale der → **Bäckerei**

Holztrattner (Brodgasse 9, Tel. 0662/84 16 82, Mo–Fr 6.15–18, Sa 6.30–12 Uhr). Neben den Spezialitäten – Gebäck, Plunder und Kletzenbrot– gibt es auch einen günstigen „Mittagstisch“. Ursprünglich gab es für die Hungrigen tatsächlich nur einen Tisch, an dem sie essen konnten. Inzwischen sind es schon drei. Mehr gehen sich in dieser urigen Bäckerei nicht aus.

Kehren wir zurück zum Alten Markt. An der Stirnseite des Platzes sehen wir einen Seitenflügel der 4 **Salzburger Residenz** (Residenzplatz 1, Tel. 0662/80 42-2690, www.salzburg-burgen.at), dem Sitz der Salzburger Fürsterzbischöfe. Bis ins 19. Jh. lenkten sie von hier aus die Geschicke des Landes. Biegen wir nach links zum Residenzplatz ein, um das frühbarocke Gebäude mit seinen gegliederten Fenstern in voller Pracht zu betrachten. Die Residenz hat rund 180 Räume und drei Innenhöfe. Über Jahrhunderte hin wurde am Palast gebaut, die nachhaltigsten Veränderungen geschahen unter Fürsterzbischof Wolf Dietrich von Raitenau (1587–1612). Heute können die Prunkräume, die einstigen Gemächer der Erzbischöfe, im Rahmen des Rundgangs „DomQuartier“ (Residenzplatz 1, www.domquartier.at, 10–17 Uhr, tägl. außer Di) besichtigt werden. Seit Mai 2014 steht dieser Rundgang, der 200 Jahre verschlossen war, für Besucher offen: Sie durchwandern dabei unter anderem die Prunkräume der Salzburger Residenz, die Residenzgalerie (→ S. 28), das Dommuseum (→ S. 33) und das Museum St. Peter (→ S. 35).

Wir betreten die Residenz durch das verhältnismäßig kleine Marmortor, eine breite Haupttreppe führt uns hinauf zum Eingang. Die Prunkräume in ihrer heutigen Form sind die ehemaligen fürsterzbischöflichen Gemächer, die unter Johann Lukas von Hildebrandt zu Beginn des 18. Jh.s neu ausgestaltet wurden. Die Deckengemälde stammen von Johann Michael Rottmayr und Martino Altomonte. Zu sehen gibt es in der Residenz auch das Ratszimmer, in

Salzburger Residenz

Residenzgalerie Terrasse

dem Wolfgang Amadeus Mozart im Alter von sechs Jahren sein erstes Konzert gab. Krönender Abschluss ist der Carabinierisaal, der 1600 unter Wolf Dietrich erbaut und nach der Leibgarde des Fürsterzbischofs benannt wurde.

Über den Prunkräumen ist die 5 **Residenzgalerie** (Residenzplatz 1, Tel. 0662/84 04 51, www.residenz galerie.at), die europäische Malerei des 16. bis 19. Jh.s präsentiert. Schon im 18. Jh. zeigte man in diesen Räumlichkeiten Kunst: Erzbischof Hieronymus Graf Colloredo stellte hier seine Gemäldesammlung aus. Die Residenzgalerie wurde 1923 eröffnet, aber unter den Nationalsozialisten geschlossen. Ein Neubeginn gelang 1952. Der Großteil der Gemälde ist heute im Besitz des Landes Salzburg.

Residenzgalerie: ein Zuhause für europäische Malerei des 16. bis 19. Jahrhunderts

Achtung: Die Salzburger Residenz ist nicht mit der 6 **Neuen Residenz** (Mozartplatz 1), früher auch „Palazzo Nuovo“ genannt, zu verwechseln. Diese befindet sich vis-à-vis der Residenz, auf der anderen Seite des Residenzplatzes. Die Neue Residenz (1588) geht auf Erzbischof Wolf Dietrich zurück, sie war eines seiner ersten Bauprojekte. Heute beheimatet sie das 7 **Salzburg Museum** (Mozartplatz 1, Tel. 0662/62 08 08-700, www.salzburgmuseum.at, Di–So 9–17 Uhr). Auch das 8 **Salzburger Glockenspiel** ist hier untergebracht. Die Glocken für das Glockenspiel wurden vom Antwerpener Glockengießer Melchior de Haze angefertigt. Sie kamen 1696 in Salzburg an, doch erst einige Jahre später wurde die Walze für den Spielmechanismus gefertigt. Spielzeit ist jeweils um 7, 11 und 18 Uhr. Von 2008 bis 2010 wurde das Glockenspiel in Wien restauriert.

Salzburger Glockenspiel und Neue Residenz

Verweilen wir ein paar Minuten auf dem Residenzplatz. Erst vor einigen Jahren wurden bei Grabungen hier kostbare Funde entdeckt: Teile des spätromanischen Doms und des einstigen Domfriedhofs (→ Dom, S. 31) sowie ein Weihealtar aus dem 2./3. Jh. n. Chr., der den Flussgott Iuvavus (Salzburg hieß früher Iuvavum) erwähnt. In der Mitte des Platzes steht der 9 **Residenzbrunnen,** einer der schönsten Brunnen der Stadt. Er wurde im Auftrag von Erzbischof Guidobald von Thun angelegt, als Bildhauer wird Tommaso di Garone vermutet. Am 24. September wird auf dem Residenzplatz

Weit gereist: Glocken aus Antwerpen

der Rupertikirtag abgehalten. Es ist ein wichtiger Termin für die Salzburger und ein Tag, an dem auch der noch so moderne Salzburger seine Tracht – Dirndl oder Lederhose – aus dem Schrank holt. Ein weiterer Anlass dafür ist übrigens das Maibaumaufstellen am 1. Mai: Der Baum – meist eine bis zu 35 Meter hohe Fichte – gilt als Symbol für Fruchtbarkeit, Leben und Blühen der Natur. Wer gerade zufällig in Salzburg ist, kann im → **Salzburger Freilichtmuseum** (Hasenweg, Großgmain, Tel. 0662/85 00 11, www.freilichtmuseum.com, Ende März bis Anfang November: Di–So 9–18 Uhr, Juli bis August: tägl. 9–18 Uhr. Öffnungszeiten wechseln von Jahr zu Jahr, unbedingt im Internet checken!) in Großgmain diese Tradition miterleben. Das Freilichtmuseum ist übrigens ein empfehlenswertes Ausflugsziel, um anderes Salzburger Brauchtum kennenzulernen. Übrigens: Wer für den Rupertikirtag oder für einen anderen Anlass typische Salzburger Tracht sucht, sollte einen Abstecher zu → **Jahn Markl** (Residenzplatz 3, Tel. 0662/84 26 10, www.jahn-markl.at, Mo–Fr 9.30–18, Sa 9.30–15 Uhr, während der Festspielzeit länger) machen. Das kleine Geschäft am Eck des Residenzplatzes geht auf eine Gerberei aus dem Jahr 1408 zurück. Seit dem späten 19. Jh. wird hier Jagdgewand verkauft – sogar Kaiser Franz Joseph I. erstand Lederhosen hier. Allein ein Besuch in diesem schmalen Haus

Erzbischof Guidobald von Thun ließ den Residenzbrunnen errichten

Jahn Markl – hier kaufte schon der Kaiser seine Lederhosen

ist ein Erlebnis. Wer wenig Platz im Koffer hat: Hier gibt es auch kleine, handgefertigte Lederbeutel, zudem Stutzen, Hand- und Hausschuhe.

Der Dom zu Salzburg ist den beiden Heiligen Petrus und Rupert geweiht

Etappe 3: 10 bis 15 vom Dom nach St. Peter

Gehen wir vom Residenzplatz durch die Dombögen hindurch zum Domplatz. Im Sommer ist hier die bekannte Freiluftbühne für die „Jedermann"-Aufführung bei den Salzburger Festspielen aufgebaut. Zur Weihnachtszeit gibt es hier einen Christkindlmarkt, der jährlich rund eine Million Besucher anlockt. Bereits im 15. Jh. hat es einen Markt, den „Tandlmarkt", auf dem Domplatz gegeben. Im 17. Jh. wurde daraus ein Vorweihnachtsmarkt, der „Nikolaimarkt". In seiner heutigen Form besteht der Christkindlmarkt seit 1972. (Der Salzburger Christkindlmarkt ist nicht der einzige Weihnachtsmarkt in Salzburg: Zu empfehlen ist der kleinere Markt vor dem Schloss Hellbrunn.)

Der 10 **Dom zu Salzburg** bildet den geistlichen Mittelpunkt der Stadt. Der erste Bau entstand hier im Jahr 767 unter Bischof Virgil. Am 24. September 774 wurde der

Der Innenraum des Salzburger Doms hat 900 Sitzplätze

„Sphaera" von Bildhauer Stephan Balkenhol

Dom den beiden Heiligen Petrus und Rupert geweiht. Der Salzburger Dom brannte mehrmals – so etwa im 12. Jh., als Anhänger der Kaisers Friedrich Barbarossa die Stadt in Brand steckten. Auch 1598 brannte die Kirche – weite Teile wurden vernichtet. Erzbischof Wolf Dietrich ließ den alten Dom niederreißen, um einen Neubau zu errichten. (Ganz entgegen dem Willen der Salzburger, denn bei diesem Unternehmen wurden wertvolle Skulpturen und Grabsteine zerstört und der Domfriedhof umgepflügt.) Als Wolf Dietrich (wegen seiner Salzfehde mit Bayern) auf der Festung Hohensalzburg eingekerkert war, nahm sich sein Nachfolger und Neffe Markus Sittikus des Dom-Neubaus an. Er beauftragte den italienischen Baumeister Santino Solari. Die Einweihung des neuen Doms fand erst nach Markus Sittikus' Tod (1619) im Jahr 1628 unter Erzbischof Paris Lodron statt.

1944 zerstörte eine Fliegerbombe die Domkuppel und einen Teil des Altarraumes, 1959 wurde der wiederaufgebaute Dom – erneut geweiht. Die drei Jahreszahlen an den Torgittern erinnern an die drei Domweihen: 774, 1628 und 1959. Vor dem Dom stehen vier Monumentalstatuen: die Apostel Petrus und Paulus mit Schlüssel und Schwert sowie die beiden Salzburger Landespatrone Rupert (mit Salzfass) und Virgil (mit Kirchenmodell).

Der Innenraum des Salzburger Doms hat 900 Sitzplätze. Das Interieur stammt größtenteils aus dem 17. Jh., die Stuckaturen schufen Andrea Orsolini und Giuseppe Bassarino zwischen 1631 und 1635, die Fresken im Querschiff stammen von Donato Arsenio Mascagni und Antonio Solari, dem Sohn des italienischen Baumeisters. Im Dom zu Salzburg befinden sich auch die Grabmäler zahlreicher Salzburger Erzbischöfe. Wer mehr über den Dom erfahren möchte, kann das zugehörige → **Dommuseum** (siehe DomQuartier-Rundgang, www.domquartier.at) oder auch das → **Domgrabungsmuseum** (Residenzplatz, Tel. 0662/62 08 08-131, Juli, Aug. tägl. 9–17 Uhr oder auf Anfrage) besichtigen.

Unsere Route führt uns nun durch die Dombögen hindurch (diesmal durch jene, die näher zur Festung liegen. Übrigens: In der Innenstadt sind öffentliche Toiletten Mangelware. In diesen Dombögen sind die nächsten!) auf den Kapitelplatz. Wieder erstreckt sich vor uns ein großer Platz. Kapitel- wie auch Residenz-, Dom- und Mozartplatz gehen alle auf Wolf Dietrich zurück, der ganze Häuserzeilen abreißen ließ, um diese großzügigen Freiflächen zu schaffen.

Unschwer zu erkennen ist, dass die Skulptur in der Mitte des Platzes – eine männliche Figur, die auf einer goldenen Kugel steht – wohl nicht aus der Zeit Wolf Dietrichs stammt. Die neun Meter große Figur, 11 **„Sphaera“,** stammt vom deutschen Bildhauer Stephan Balkenhol und ist Teil des Kunstprojekts der Salzburg Foundation (→ S. 75). 2007 wurde das Kunstwerk installiert. Zur männlichen Skulptur gehört übrigens auch eine kleinere weibliche Figur: „Die Frau im Fels“. Sie ist 140 Zentimeter groß und steht im Toscaninihof, nur wenige Schritte vom Festspielhaus entfernt (→ Route 3).

Früher befand sich auf dem Kapitelplatz das Domkloster. Der hohe Klerus wohnte hier und in den benachbarten Gassen – der Kai-, Kapitel- und Chiemseegasse – bis zur Auflösung des Erzstiftes im Jahr 1803. Etwas abseits, Richtung Festungsberg hin, befindet sich die 12 **Kapitelschwemme,** die auf einen „Rosstümpel“ aus dem Mittelalter zurückgeht. Die Schwemme wurde unter Erzbi-

Früher Rosstümpel, heute prachtvolle Kapitelschwemme

Stiftskirche St. Peter

schof Leopold Freiherr von Firmian 1732 in Auftrag gegeben und nach einem Entwurf von Franz Anton Danreiter errichtet. Buchliebhaber werden bestimmt die → **Dombuchhandlung** (Kapitelplatz 6, Tel. 0662/84 21 48, www.dombuchhandlung.com, Mo–Fr 9–18, Sa 9–17 Uhr) hinter der Schwemme bemerken. Lassen Sie sich vom Namen nicht täuschen: Hier gibt es ein breites Sortiment an Belletristik und Kinder- und Jugendliteratur, nicht nur theologische Schriften. Noch ein Tipp: Während der Festspielsaison werden auf dem Kapitelplatz die → **Siemens Festspielnächte** (www.siemens.at/festspielnaechte) abgehalten. Täglich gibt es abends Vorführungen von Festspielproduktionen auf Großbildleinwand.

Auf der rechten, hinteren Seite des Kapitelplatzes (von den Dombögen aus gesehen) führt die Festungsgasse auf die Festung. Bevor wir das Wahrzeichen der Stadt erkunden, wählen wir den Durchgang rechts der Festungsgasse, der uns zum 13 **Stift St. Peter** (St.-Peter-Bezirk 1, www.stift-stpeter.at, Tel. 0662/84 45 76) führt. Nach wenigen Schritten kommen wir zur → **Stiftsbäckerei** (Kapitelplatz 8, Tel. 0662/84 78 98, www.stiftsbaeckerei.at, Mo, Di, Do, Fr 7–17, Sa 7–13 Uhr), die auf das 12. Jh. zurückgeht. Damals, um 1150, wurde ein Tunnel für den Almkanal in den Mönchsberg geschlagen, um die Stadt mit Wasser zu versorgen. Das erst machte den Betrieb eines Mühlenrads und das Vermahlen von Getreide im Stift St. Peter möglich, sowie das Bierbrauen in der Brauerei Stiegl. Heute wird in der Stiftsbäckerei, einem historischen Gewölbe, Holzofenbrot aus Natursauerteig gebacken, das einige Tage haltbar ist.

(Tipp: Der → **Almkanal** mit seinem „Stiftsarmstollen" ist ein einzigartiges Beispiel mittelalterlicher Wasserversorgung. Besucher, die im September in Salzburg sind, können während der „Almabkehr", wenn der Kanal instand gesetzt wird, den Almkanal mit einer Führung besichtigen: Brunnhausgasse 5, Tel. 0662/84 64 19, www.almkanal.at, Voranmeldung nötig!)

In unmittelbarer Nähe zur Bäckerei liegen Kloster, Kirche, Friedhof und das Museum St. Peter (siehe DomQuartier-Rundgang, www.domquartier.at). Das Kloster soll um 700 durch den fränkischen Missionar Rupert im damals römischen Gebiet Iuvavum gegründet worden sein. Heute ist es – mit rund zwanzig Mönchen – das älteste besetzte Männerkloster nördlich der Alpen. Wir halten uns im Friedhof zunächst rechts, um die 14 **Stiftskirche** (April bis Okt. 8–21, Nov. bis März 8–19 Uhr) zu besichtigen. Die erste Abteikirche wurde zerstört und im 12. Jh. im romanischen Stil wiederaufgebaut. Später dann, im 17. und 18. Jh., wurde sie im Barock- und Rokokostil umgestaltet (im Innenraum aber ist die romanische Bauform noch deutlich erkennbar). Heute ist die Stiftskirche bei den Salzburgern sehr beliebt für Hochzeiten und Taufen.

Kehren wir nun durch den in der Spätantike entstandenen Friedhof zurück, um durch den Seitenausgang zur Festungsgasse zu schneiden. Auf dem 15 **St.-Peter-Friedhof** (April bis Mai: 6.30–20, Juni bis Aug.: 6.30–21.30, Sept.: 6.30–19, Okt. bis März: 6.30–18 Uhr) liegen einige namhafte Salzburger Persönlichkeiten, darunter Santino Solari, den wir als Baumeister des Doms kennengelernt haben. Mozarts Schwester „Nannerl“ und Michael Haydn, der jüngere Bruder Joseph Haydns, sind hier begraben. Zu den Besonderheiten des St.-Peter-Friedhofs zählen die → **Katakomben** (Sommer: Di–So 10.30–17 Uhr, Winter:

St.-Peter-Friedhof: „Nannerls“ letzte Ruhestätte

Mi–Do 10.30–15.30, Fr–So 10.30–16 Uhr. Änderungen möglich!) Diese in den Stein gehauenen Felshöhlen stammen – laut aktuellsten Forschungsergebnissen – aus dem 11./12. Jh. und dienten einst als Einsiedeleien. (Die Bezeichnung „Katakomben" ist somit nicht ganz zutreffend.)

In der Festungsgasse liegt gleich rechter Hand der Eingang zur → **FestungsBahn** (Festungsgasse 4, Tel. 0662/88 84 97 50, www.salzburg-ag.at/verkehr, Okt. bis April 9–17 Uhr, Mai bis Juni 9–20, Juli bis Aug. 9–22, Sept. 9–20 Uhr). Eine Bahn hinauf zur Festung besteht seit 1892, wenngleich die Fahrt damals bestimmt nicht – wie heute – nur 54 Sekunden dauerte. (Seit 2011 gibt es außerdem neue Waggons mit Panoramafenstern.)

Etappe 4: 16 bis 19 Festung Hohensalzburg und Stift Nonnberg

Wenn Zeit und Energie vorhanden sind, empfehlen wir allerdings, eine Richtung zu Fuß zu gehen. (Diese Route sieht den Fußweg hinunter vor.) Bevor man eine Karte für die Bahn löst, lohnt es sich, noch ein Stückchen die Gasse hinaufzugehen. Hier trifft man auf das sogenannte 16 **Binderhaus** (Festungsgasse 7), ein denkmalgeschütztes Gebäude aus dem Mittelalter. Nur wenige Meter weiter befindet sich der 17 **Stieglkeller** (Festungsgasse 10, Tel. 0662/84 26 81, www.taste-gassner.com, tägl. 11–23 Uhr, Februar geschlossen). Fragt man den Salzburger, was im Jahr 1492 geschah, wird selten einer antworten „Kolumbus entdeckte Amerika". Die Jahreszahl geht für Salzburger Hand in Hand mit der Geburt des Stiegl-Biers. Das damalige „Prewhaws" befand sich in der Gstättengasse (→ Route 3). Der Name Stiegl geht auf eine kleine Stiege neben dem Bräuhaus zurück. Beim „Haus bey der Stiegen" holte man Brauwasser aus dem Almkanal. 1585 musste die Stieglbrauerei ihre Lager erweitern und schuf so in der Festungsgasse einen Keller, den heutigen Stieglkeller. Der aktuelle Pächter will das Lokal, das in den vergangenen Jahren etwas touristisch geworden ist, authentischer und

Stieglkeller: wichtiger Ort für Bierliebhaber

Stieglkeller-Terrasse: Hier schmausen auch die Augen

bei den Salzburgern beliebter machen. Auf der Homepage gibt es Informationen zu Veranstaltungen. Zu empfehlen sind ein traditioneller Frühschoppen oder ein Volksmusikabend.

Nach einer Portion Leberkäse, einer Brettljausen und einer „Halben" („a Hoibe") kehren wir zurück zur Festungsbahn. Oben auf der Festung angekommen, führen zwei Wege – der eine nach rechts, der andere nach links – zum Burghof, in den Kern der Anlage. Wählt man die Route links, blickt man über die Innenstadt. Die rechte Route gibt den Blick auf die südlichen Stadtteile Salzburgs frei. Bevor wir weitergehen, ein paar Informationen zur Geschichte dieser Burganlage, die zu den größten in Europa zählt. Die 18 **Festung Hohensalzburg**

Die Festung Hohensalzburg. Die Salzburger sagen nie „Burg"

Kuenburg-Bastei – hoch über den Dächern der Altstadt

(Tel. 0662/84 24 30, www.salzburg-burgen.at, Jän. bis April, Okt. bis Dez. 9.30–17 Uhr, Mai bis Sept. 9–19 Uhr, letzter Einlass 30 Minuten vorher) hat ihre Wurzeln in der Zeit des Investiturstreits, als Papst und König sich um das Recht der Bischofsernennung zankten. Erzbischof Gebhard I. von Helffenstein ließ die Festung 1077 als Wehrbau errichten. (Unter seiner Herrschaft entstand auch die Burg Hohenwerfen, rund vierzig Kilometer südlich der Stadt. Ein attraktives Familienausflugsziel, da es auf dieser Erlebnisburg auch eine Greifvogelschau gibt. Für weitere Infos: www.salzburg-burgen.at.) Der Salzburger Erzbischof Konrad I. von Abensberg (1106–1147) ersetzte die erste Holzburg durch eine romanische Steinburg. Der Wohnturm „Hohe Stock" aus dieser Zeit ist noch erhalten. Vorläufig galt die Verteidigungsanlage als fertiggestellt. Als sich die Erzbischöfe während der Bauernaufstände im 15. und 16. Jh. auf die Festung zurückzogen, kam es zu Erweiterungen: Das Zeughaus und der Schüttkasten entstanden. Die Festung in ihrer heutigen Erscheinungsform (als spätgotische Burg) geht auf die Regierungsperiode Leonhard von Keutschachs (1495–1519) zurück. Unter ihm entstanden die vier Wehrtürme sowie das prächtige Innere der Burg: Bei einem Rundgang durch die Prunkräume sehen Besucher die gotischen Schnitzereien und die ornamentale Malerei im Goldenen Saal und in der Goldenen Stube. Immer wieder begegnet man dabei Keutschachs „Stempel": dem Rübenwappen. (Es kommt auf der Festung über fünfzig Mal vor!) Empfehlenswert: Die Tour durch die Innenräume führt auch in die Folterkammer, auf den Wehrturm und zum sogenannten Salzburger Stier. Diese Walzenorgel zählt zu den ältesten noch in Betrieb befindlichen Hornwerken der Welt. Sie wurde 1502 errichtet und hat über 200 Pfeifen. Von Palmsonntag bis Ende Oktober „brüllt" der Stier täglich um 7, 11 und 18 Uhr. Der Name der Orgel leitet sich von der Sage rund um die Salzburger Stierwascher ab. Hier eine Kurzfassung: Zur Zeit der Bauernaufstände in Salzburg wurde die Festung belagert. Die Bauern wollten die Stadt „aushungern", bis die Salzburger zur Übergabe der Stadt bereit wären. Um dem Feind vorzutäuschen, dass noch genug Essen vorhanden sei, trieben die Salzburger ihren letzten Stier – einen braun gefleckten – über die Festungsmauer. Am nächsten Tag färbten sie ihn schwarzweiß gescheckt, am dritten Tag ganz schwarz. Der Feind sollte glauben, es seien noch einige Stiere – und damit genug Lebensmittelreserven – da. Die Taktik ging auf, die Bauern zogen ab. Unter www.salzburg-burgen.at gibt es einen amüsanten Film hierzu, der auch auf Youtube (Stichwort: Stierwascher) zu finden ist.

Fürsterzbischof Wolf Dietrich von Raitenau (1587–1612) zog von der Burg hinunter in die Residenz, die er bauen ließ. Fortan wurde die Festung ausschließlich zu militärischen Zwecken und als Gefängnis genützt. Im Dreißigjährigen Krieg (1618–1648), von dem die Stadt verschont blieb, hatte die Festung Hohensalzburg eine bedeutende Rolle als Stadtbefestigung.

Beim Ausgang der Festungsbahn wählen wir den Weg nach links, blicken von der Hasengrabenbastei hin-

Burghof mit St.-Georgs-Kirche

unter auf die Altstadt, bevor wir die Treppen am hinteren Ende der Bastei nehmen, die vorbei am Glockenturm und hinauf zu einer kleinen Pforte führen, die uns ins Innere der Burg bringt. Vor uns liegt das Hauptgebäude, der „Hohe Stock". Darin befinden sich auch die Fürstenzimmer. Achtung: Der Eingang für die Tour der Innenräume ist rechter Hand von uns, quasi „um die Kurve"! Die Tour endet im Hohen Stock. Von hier ist es nicht weit zum Burghof, in dessen Mitte eine achteckige Zisterne aus dem Jahr 1539 steht. An der nordöstlichen Seite des Burghofes befindet sich die → **St.-Georgs-Kirche** – eine kleine Kapelle mit nur sieben Sitzbankreihen, die einen mächtigen klassizistischen Hochaltar aus 1776 hat.

Im linken Eck des Burghofs kommt der Reißzug an, ein 304 Meter langer Aufzug, der ebenfalls von Leonhard von Keutschach eingeführt wurde. Linker Hand führt ein Tor hinaus auf die Kuenburg-Bastei, die wieder ein tolles Panorama bietet.

Auf der Festung gibt es zahlreiche Attraktionen, die – vom Zeitbudget abhängig – einen Besuch wert sind: das → **Festungsmuseum**, das → **Marionettenmuseum** und das → **Rainer-Regiments-Museum.** (Alle sind im Festungseintritt, der „Festungs-Card", inbegriffen.) Einkaufsmöglichkeiten – abgesehen von den üblichen Souvenirs – gibt es nicht, dafür aber zwei Gastronomiebetriebe: eine Burgschenke und das Festungsrestaurant. An den Adventwochenenden findet ein Adventmarkt statt, ganzjährig können Salzburger Festungskonzerte gebucht werden (Tel. 0662/82 58 58, www.mozartfestival.at).

Zu Fuß verlässt man die Festung über die nordöstliche Seite, es gibt einen Treppenabgang rechts neben dem Reißzug, ebenso kann man von der Burgschenke aus talwärts gehen. Der Weg dauert etwa 10 bis 15 Minuten. Gutes Schuhwerk ist zu empfehlen.

Im Stift Nonnberg

Anstatt beim Garten des Stieglkellers in der Kehre nach links zurück zur Talstation der Festungsbahn zu gehen,

Stift Nonnberg: Das Kloster war auch Drehort für „Sound of Music“

folgen wir dem Hohen Weg, um zum 19 **Stift Nonnberg** (Nonnberggasse 2, Tel. 0662/84 16 07, www.benediktinerinnen.de) zu gelangen. Das Kloster ist eines der ältesten noch bestehenden Frauenklöster nördlich der Alpen und wurde um 700 errichtet. Die genaue Entstehungsgeschichte liegt im Dunkeln, es gibt Vermutungen, wonach der heilige Rupert das Benediktinerinnenkloster errichten ließ und die Leitung der später heiliggesprochenen Erentraud übertrug. Einige Male wurde das Kloster durch Brände zerstört, das jetzige Kloster stammt aus dem frühen 16. Jh. Heute kann nur die Kirche besichtigt werden. Das hindert nicht daran, dass unzählige – meist amerikanische – „Sound of Music“-Fans zum Kloster pilgern. Es war Drehort für den bekannten Musikfilm aus dem Jahr 1965, in dem Fräulein Maria als Kindermädchen bei den von Trapps eingestellt wird und sich in den Baron verliebt. Der Film beginnt damit, dass Fräulein Maria (im Film von Julie Andrews gespielt) dem Orden am Nonnberg beitreten möchte.

Etappe 5: 20 bis 23 Nonntal bis Salzachufer

Über die Nonnbergstiege gelangt man schnell hinunter in die Stadt, in die Kaigasse. (Dazu muss man einige Meter retour gehen.) Vom Stift Nonnberg aus empfehlen wir allerdings noch einen kleinen → **Exkurs** (ca. 20 Minuten) hinunter in den Stadtteil Nonntal. Kurz nach dem Kloster kommt linker Hand das Erhardgässchen, das hinunter zur Nonntaler Hauptstraße führt. Hier ein kleiner Geheimtipp: Im Haus Nummer 23a befindet sich der

Schauspielhaus: das größte freie Ensembletheater im Land

unscheinbare Nahversorger → **Niedermayr** (Nonntaler Hauptstraße 23a, Tel. 0662/84 37 39, Mo, Di, Mi, Fr 8–12 und 15–18.30 Uhr, Sa 8–12 Uhr). Dieser kleine Greißler ist über hundert Jahre alt, nur wenige Geschäfte dieser Art sind erhalten geblieben. Hier gibt es alles – vom Schnaps bis zur Strumpfhose. Das Beste ist die Süßigkeitenvitrine: Wie damals zu Volksschulzeiten kann man hier einzelne Gummischlangen und Cola-Kracherl-Kaubonbons kaufen. Nur dass sie jetzt nicht mehr einen Schilling, sondern eben zehn Cent kosten.

Nonntal ist eine beliebte Wohngegend mit einigen netten Restaurants, etwa das → **Nestroy im Schauspielhaus** (Erzabt-Klotz-Straße 22, Tel. 0662/84 11 86, www.nestroy-salzburg.at, Mo–Sa 11–24 Uhr), das, wie eben das 20 **Schauspielhaus** (Erzabt-Klotz-Straße 22, Tel. 0662/80 85-0, www.schauspielhaus-salzburg.at), die frühere Elisabethbühne, im Petersbrunnhof – über die Zugallistraße zu erreichen – beheimatet ist und hausgemachtes Brot und Limonaden oder auch „Maishendel" aus dem Innviertel serviert. Das → **LemonChilli** (Nonntaler Hauptstraße 24, Tel. 0662/84 25 58, www.lemonchilli.at, Mo–So ab 11 Uhr) ist eine mexikanische Cantina. Auf der Speisekarte: Steaks, Ripperln, Burger, Riesensalate und mexikanische Spezialitäten wir Jalapeno Poppers (mit Käse gefüllte, gebackene Chilischoten). Beide Lokale haben nette Gastgärten.

Wir gehen die Nonntaler Hauptstraße stadteinwärts und kommen an der 21 **Erhardkirche** vorbei, die einst eine Spitalskirche war und zu den Besitztümern des

Stifts Nonnberg gehörte. Die heutige Kirche wurde 1689 nach Plänen des Baumeisters Giovanni Gaspare Zuccalli errichtet. Seit 1853 ist St. Erhard Pfarrkirche.

Erhardkirche: Herzstück des Stadtteils Nonntal

Am Ende der Straße biegen wir links in die Schanzlgasse ein und kommen über den Kajetanerplatz in die Kaigasse. (Wenn Sie den Exkurs nach Nonntal nicht gemacht haben, setzt sich hier die Hauptroute fort.) Im Kasererbräuhaus (Nr. 33) befindet sich das älteste Kino der Stadt: Das → **Mozartkino** (Kaigasse 33, Tel. 0662/84 22 22, www.mozartkino.at). Schon im frühen 20. Jh. wurden im ersten Stock bewegte Bilder gezeigt. Wie jedes kleine Kino muss man sich um Kunden bemühen: Hier gibt es eine Stammkundenaktion. Wer drei Mal kommt, bekommt Cola und Popcorn gratis!

Von der Kaigasse führt uns die Sebastian-Stief-Gasse rechter Hand zum Papagenoplatz. Hier steht der 22 **Papagenobrunnen** mit der Figur aus Mozarts „Zauberflöte“, sie wurde 1960 von Hilde Heger geschaffen.

Versteckt zwischen den Seitengassen: der Papagenobrunnen

Die Pfeifergasse führt links zum Mozartplatz, dem Ende unserer Route. Sollten Sie zufällig an einem Mittwoch in Salzburg sein, besuchen Sie den Traditionsbetrieb → **Maßschuhe Haderer** (Pfeiffergasse 3, Tel. 0662/84 14 73, Mi 10–18 Uhr). Große Bekanntheit erreichte dieser Schuhmacher, als er ein Skischuhmodell für Toni Sailer entwickelte: Der Sportler gewann damit 1956 bei den Olympischen Winterspielen etliche Goldmedaillen. Heute werden in dritter Gene-

Mozart-Denkmal

ration maßangefertigte Schuhe verkauft. Auch einige exklusive Schuhmarken sind im Angebot.

Am Mozartplatz angekommen, fällt sofort das 23 **Mozart-Denkmal** von Ludwig Schwanthaler auf, das 1842 im Beisein von Mozarts Söhnen präsentiert wurde. Je nach Jahreszeit nimmt der Platz unterschiedliche Gestalt an. Im Sommer sitzen die Gäste in den Terrassencafés, in den Wintermonaten gibt es hier einen Eislaufplatz und einige Glühweinstände – die (ruhigeren) Ausläufer des Christkindlmarkts. Auch die → **Salzburg Tourist Info** (Mozartplatz 5, Tel. 0662/88 98 73 30, www.salzburg.info, Sept. bis März Mo–Sa 9–18, April bis Mai tägl. 9–18, Juni 9–18.30, Juli bis Aug. 9–19 Uhr) hat hier ihren Sitz.

Die nächste Bushaltestelle liegt direkt an der Salzach. Auf dieser Flussseite fahren die Linien in Richtung Süden (Alpenstraße, Aigen, Salzburg Süd). Wer zurück zum Bahnhof oder zum Mirabellplatz fahren möchte, muss die Bushaltestelle auf der anderen Seite des Mozartstegs wählen. Zurück zur Getreidegasse gelangt man am schnellsten zu Fuß – über den Waagplatz, der an den Mozartplatz grenzt. Etwas versteckt, in einem kleinen Innenhof rechter Hand, finden wir das → **Georg-Trakl-Haus** (Waagplatz 1a, Tel. 0662/84 53 46, Einlass nur mit Führung: Mo–Fr 14 Uhr). Im Geburtshaus des Dichters sind Möbelstücke, Schulzeugnisse und Handschriften des Literaten ausgestellt.

In der Judengasse, der Verbindung zwischen Waagplatz und Alter Markt, empfiehlt sich ein Abstecher in das Geschäft → **Christmas in Salzburg** (Judengasse 11, Tel. 0662/84 67 84, Mo–Sa 9–19, So und Fei 9–18 Uhr): Hier kann man sich zu jeder Jahreszeit mit Christbaumschmuck, Weihnachtsmusik und auch mit Osterdekoration eindecken. Vorsicht: Reizüberflutung!

2 Altstadt trifft Neustadt: das rechte Salzachufer

Ausgangspunkt: Salzburg Hauptbahnhof (Bushaltestelle, Linien 1, 2, 3, 5, 6)
Endpunkt: Ferdinand-Hanusch-Platz (Bushaltestelle)
Dauer: ca. 2,5 Stunden (ohne Museen, ohne Exkurse)

★ UNBEDINGT HINGEHEN

- → Schloss Mirabell und Mirabellgarten
- → Mozart-Wohnhaus
- → Sebastiansfriedhof
- → Kapuzinerkloster
- → Hotel Sacher

Die Route: Bahnhof, Südtiroler Platz – Rainerstraße (1 Salzburg Congress) – Mirabellplatz (2 Schloss Mirabell) – 3 Mirabellgarten (4 Zwergerlgarten, 5 Heckentheater, 6 Orangerie) – Mirabellplatz (7 Mozarteum – Makartplatz (8 „Caldera", 9 Dreifaltigkeitskirche, 10 Mozart-Wohnhaus) – Dreifaltigkeitsgasse – Linzer Gasse (11 St.-Sebastians-Kirche) – Bruderhof (12 Sebastiansfriedhof) – Stefan-Zweig-Weg (13 Kreuzwegkapellen, 14 Felixpforte, 15 Paschinger Schlössl, 16 Kapuzinerkloster) – [Exkurs: zum 17 Franziskischlössl auf dem Kapuzinerberg] – Imbergstiege – Steingasse (18 Joseph-Mohr-Gedenktafel) – Äußerer Stein (19 Engelwirtsbrunnen – Giselakai – Platzl (20 „Spirit of Mozart") – Schwarzstraße – Theatergasse – Makartplatz (21 Gedenktafel für Christian Doppler) – Schwarzstraße (22 Landestheater, 23 Hotel Sacher) – Makartsteg – Ferdinand-Hanusch-Platz

Diese Route führt uns durch einen Teil der Stadt an der rechten Salzachseite. Wir besichtigen das Schloss Mirabell mit seinen beeindruckenden Gärten und dem angeblich schönsten Trausaal der Welt, schlendern durch die Linzer Gasse und besuchen die Gräber der Familie Mozart. Nachdem wir uns warmgelaufen haben, führt uns der Weg auf den Kapuzinerberg – abseits vom Touristenstrom. Weniger frequentiert ist auch die Steingasse, ein malerisches Gässchen, zu dem wir über eine steile Treppe, die Imbergstiege, gelangen. Nach der Tour werden wir mit einem Cocktail an der Salzach belohnt.

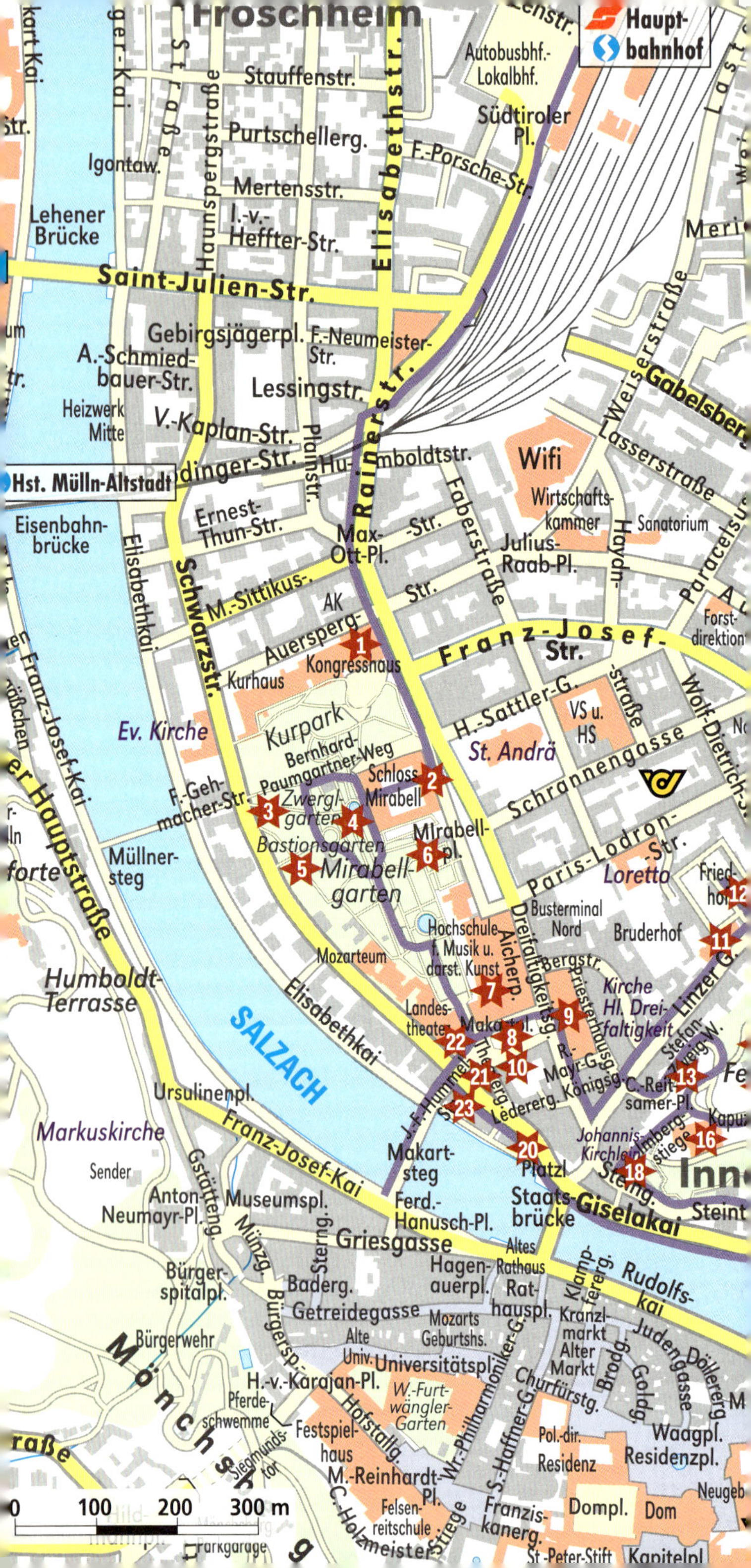

Froschheim
Hauptbahnhof
Autobusbhf.-Lokalbhf.
Südtiroler Pl.
F.-Porsche-Str.
Stauffenstr.
Purtschellerg.
Mertensstr.
I.-v.-Heffter-Str.
Hanuspergstraße
Elisabethstr.
Igonaw.
Lehener Brücke
Saint-Julien-Str.
Gebirgsjägerpl.
F.-Neumeister-Str.
A.-Schmiedbauer-Str.
Lessingstr.
Rainerstr.
Heizwerk Mitte
V.-Kaplan-Str.
Plainstr.
Humboldtstr.
Hst. Mülln-Altstadt
Eisenbahnbrücke
Ernest-Thun-Str.
Max-Ott-Pl.
Faberstraße
Wifi
Wirtschaftskammer
Julius-Raab-Pl.
Haydnstr.
Sanatorium
Weiserstraße
Gabelsbergerstr.
Lasserstraße
Paracelsusstr.
Forstdirektion
Merianstr.
Elisabethkai
Schwarzstr.
M.-Sittikus-Str.
AK
Auerspergstr.
Kongresshaus
Franz-Josef-Str.
Kurhaus
Kurpark
Bernhard-Paumgartner-Weg
Ev. Kirche
H.-Sattler-G.
VS u. HS
St. Andrä
Schrannengasse
Wolf-Dietrich-Str.
Franz-Josef-Kai
F.-Gehmacher-Str.
Zwerglgarten
Schloss Mirabell
Mirabellpl.
Bastionsgarten
Mirabellgarten
Müllnersteg
Paris-Lodron-Str.
Loretto
Friedhof
Hauptstraße
Busterminal Nord
Bruderhof
Hochschule f. Musik u. darst. Kunst
Mozarteum
Dreifaltigkeitsg.
Aicherp.
Bergstr.
Priesterhausg.
Kirche Hl. Dreifaltigkeit
Linzer G.
Humboldt-Terrasse
SALZACH
Landestheater
Makartpl.
Theaterg.
R.-Mayr-G.
Königsg.
C.-Reitsamer-Pl.
Stefan-Zweig-W.
Ursulinenpl.
Markuskirche
Lederergr.
J.-F.-Hummel-Str.
Makartsteg
Johanniskirchlein
Imbergstiege
Steing.
Kapuzinerberg
Platzl
Inn
Sender
Anton-Neumayr-Pl.
Gstätteng.
Museumspl.
Ferd.-Hanusch-Pl.
Staatsbrücke
Giselakai
Steint
Münzg.
Sterng.
Griesgasse
Altes Rathaus
Hagenauerpl.
Rathauspl.
Klampferer g.
Rudolfskai
Bürgerspitalpl.
Baderg.
Getreidegasse
Mozarts Geburtshs.
Kranzlmarkt
Judengasse
Bürgerwehr
Bürgersp.
Alte Univ.
Universitätspl.
Alter Markt
Brodg.
Goldg.
Döllererg.
Mönchsberg
H.-v.-Karajan-Pl.
W.-Furtwängler-Garten
Churfürstg.
Pferdeschwemme
Festspielhaus
Hofstallg.
Wr.-Philharmoniker-G.
S.-Haffner-G.
Pol.-dir.
Waagpl.
Residenzpl.
Residenz
Siegmundstor
M.-Reinhardt-Pl.
Felsenreitschule
Franziskanerg.
Dompl.
Dom
Neugebäude
C.-Holzmeisterstiege
St.-Peter-Stift
Kapitelpl.
Parkgarage
0 100 200 300 m

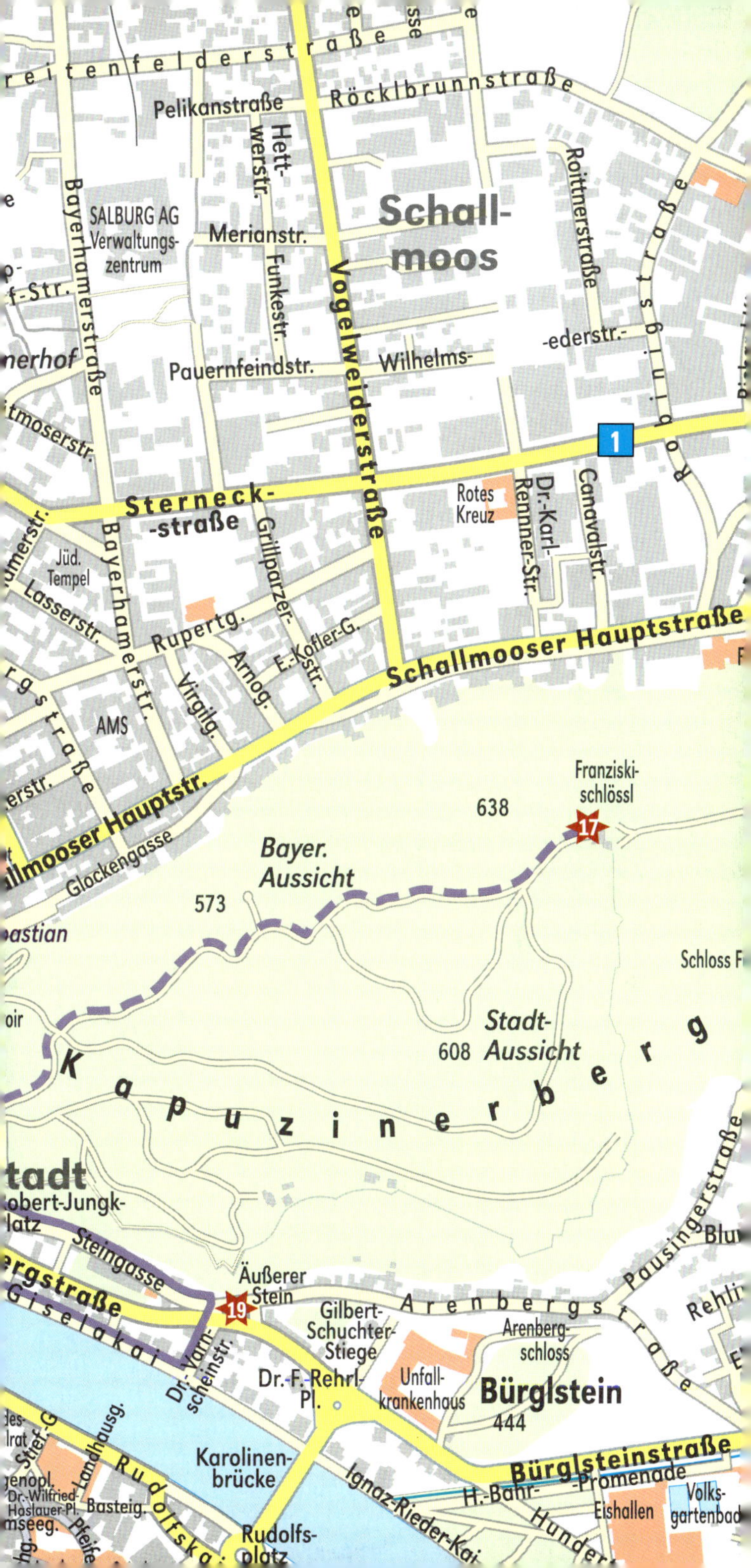
Breitenfelderstraße
Pelikanstraße
Röcklbrunnstraße
Hettwerstr.
Schallmoos
SALBURG AG Verwaltungszentrum
Merianstr.
Roittnerstraße
Robinigstraße
Funkestr.
Bayerhamerstraße
Vogelweiderstraße
-ederstr.-
Wilhelms-
Pauernfeindstr.
1
Sterneck-straße
Rotes Kreuz
Dr.-Karl-Renner-Str.
Canavalstr.
Jüd. Tempel
Lasserstr.
Bayerhamerstr.
Grillparzerstr.
Rupertg.
Arnog.
E.-Kofler-G.
Schallmooser Hauptstraße
Virgilg.
AMS
Schallmooser Hauptstr.
Glockengasse
Franziskischlössl
638
17
Bayer. Aussicht
573
Schloss F
Stadt-Aussicht
608
Kapuzinerberg
Robert-Jungk-Platz
Steingasse
Äußerer Stein
19
Gilbert-Schuchter-Stiege
Arenbergstraße
Arenbergschloss
Pausingerstraße
Giselakai
Dr.-Varnscheinstr.
Dr.-F.-Rehrl-Pl.
Unfallkrankenhaus
Bürglstein
444
Karolinenbrücke
Bürglsteinstraße
H.-Bahr-Promenade
Eishallen
Volksgartenbad
Ignaz-Rieder-Kai
Landhausg.
Rudolfskai
Basteig.
Dr.-Wilfried-Haslauer-Pl.
Rudolfsplatz

Etappe 1: 1 bis 7 zum Schloss Mirabell und seinem Garten

Wir beginnen unsere Route am Salzburger Hauptbahnhof. Wer am Bahnhof ankommt, wendet sich nach dem Haupteingang nach links, um in Richtung Innenstadt zu gehen. Zugegeben, die Rainerstraße, die Verbindungsstraße in die Innenstadt, ist kein Kleinod. Wer über eine Bustageskarte verfügt, kann – ohne etwas zu versäumen – bis zur Haltestelle Kongresshaus fahren. (Für diese zwei Haltestellen extra eine Buskarte zu lösen, empfehlen wir allerdings nicht!) Entlang der Rainerstraße passieren wir das Einkaufszentrum Kiesel und gehen unter den Bahngleisen hindurch. Nach der Unterführung befindet sich auf der linken Seite das → **Braurestaurant Imlauer** (Rainerstraße 14, Tel. 0662/87 76 94, www.imlauer.com, tägl. 11–22.30 Uhr), das österreichische Hausmannskost serviert und bei Touristen(-gruppen) beliebt ist.

Kurz nach dem Max-Ott-Platz erreichen wir auf der rechten Straßenseite die Haltestelle „Kongresshaus". Gleich um die Ecke befindet sich das Kongresszentrum 1 **Salzburg Congress** (Auerspergstraße 6, Tel. 0662/889 87, www.salzburgcongress.at). Ein architektonisch durchdachtes Gebäude, das an den Kurgarten grenzt. Es wird für Messen, Tagungen und Abendveranstaltungen genützt. Dieses „neue" Kongresshaus wurde 2001 eröffnet. Früher, im 19. Jh., stand hier ein Kurhaus, das 1944 durch einen Bombenangriff zerstört wurde. 1955 wurde der Bau eines Salzburger Kongresshauses beschlossen, das Salzburger Kongressbüro nahm seine Arbeit auf. In

Das „neue" Kongresshaus für Tagungen, Messen, Tanzbälle

den Neunzigern entsprach das Gebäude nicht mehr den modernen Anforderungen und wurde umgestaltet.

Die Salzburger kommen in diese Straße, weil sich hier das städtische Hallenbad „Paracelsus Bad und Kurhaus" befindet. (Benannt nach dem Arzt und Alchemisten aus dem 16. Jh., dessen Denkmal bzw. Grab wir später auf dieser Route besuchen werden.) In naher Zukunft soll das Bad völlig modernisiert werden.

Wochenmarkt auf der Schranne

An den Kurgarten grenzt der Mirabellgarten an, den wir allerdings nicht von der nördlichen, sondern von der östlichen Seite, also vom Mirabellplatz aus, betreten werden. Gehen wir daher noch ein paar Meter weiter die Rainerstraße entlang, bis wir vor dem Haupteingang des Schlosses Mirabell stehen. Von hier aus können wir die → **Stadtpfarrkirche St. Andrä** auf der gegenüberliegenden Straßenseite gut betrachten. Die ursprüngliche St.-Andrä-Kirche stand auf dem Platzl am Anfang der Linzer Gasse, das auch Teil dieser Route ist. Das Stadtviertel um die Kirche nennt sich Andräviertel. Auf dem Platz vor der Kirche wird an Donnerstagen (5–13 Uhr) der → **Schrannenmarkt**, der größte Wochenmarkt Österreichs, abgehalten. Salzburger treffen sich hier auf eine Jause am Würstlstand. Man kauft saisonale und regionale Produkte und isst selbstgemachte Kuchen. Es empfiehlt sich, eine Runde durch den Markt zu machen und die Preise zu vergleichen, sie können stark abweichen. (Ein Tipp: Wer Lust auf eine Laugenbreze hat, kann sie hier günstiger erstehen. In der Altstadt auf der anderen Flussseite kann eine Laugenbreze bis zu drei Euro kosten!) Das Wort Schranne bedeutet übrigens „Lagerhallen". Bis zum Zweiten Weltkrieg befand sich eine solche Halle neben der St.-Andrä-Kirche, die 1944 durch einen Bombentreffer schwer beschädigt und deshalb abgerissen wurde.

Sollten Sie sich mehr für Kunst als für Kulinarik interessieren, hier noch ein Tipp: Bevor wir die Anlage

Galerie Thaddaeus Ropac

des Schlosses Mirabell betreten, können wir die → **Galerie Thaddaeus Ropac** (Mirabellplatz 2, Tel. 0662/88 13 93, ropac.net, Di–Fr 10–18, Sa 10–14 Uhr) besichtigen, die Ausstellungen namhafter Künstler zeigt, etwa von Georg Baselitz. Die Galerie befindet sich (wenn Sie vor dem Schloss Mirabell stehen) linker Hand in der Villa Kast. Thaddaeus Ropac gründete die Salzburger Galerie im Jahr 1983, eine Dependance in Paris folgte 1990.

Der Salzburger Mirabellplatz ist eine zentrale Bushaltestelle. Viele Busse, die in die umliegenden Seengebiete (Mattsee, Fuschlsee) fahren, halten hier. Auch Reisebusse machen für ihre Gruppen vor dem Schloss Halt.

Betreten wir nun das 2 **Schloss Mirabell,** das im Kern aus dem 17. Jh. stammt. Das erste Schloss ließ Fürsterzbischof Wolf Dietrich von Raitenau 1606 für seine Geliebte Salome Alt – eine Salzburger Bürgerstochter – als Landsitz erbauen. (Mit ihr hatte er 15 Kinder.) Damals wurde es noch Schloss Altenau genannt, die heutige Bezeichnung geht auf Wolf Dietrichs Nachfolger Markus Sittikus zurück. (Der Name Mirabell wird aus dem Italienischen abgeleitet: *mirabile* = bewundern, *bella* = schön.) Selbst wohnte Erzbischof Markus Sittikus allerdings

Schloss Mirabell: Wolf Dietrichs Geschenk an seine Geliebte

nie hier. Mehrmals wurde das Schloss umgebaut, unter anderem durch den Barockbaumeister Johann Bernhard Fischer von Erlach (zwischen 1721 und 1727).

1811 zog Kronprinz Ludwig I. von Bayern als Generalgouverneur des Salzachkreises in das Schloss ein, er nützte es als Sommerresidenz. Nach einem Stadtbrand im 19. Jh. wurde das Schloss in seiner heutigen Form neu erbaut. Während der K.u.k-Zeit (zweite Hälfte des 19. Jh.s und frühes 20. Jh.) waren im Schloss auch Dienstwohnungen des Militärs untergebracht.

Fotokulisse: der Mirabellgarten

Heute befindet sich im Schloss Mirabell die Stadtverwaltung. Die Stadtbücherei, die lange im Erdgeschoß untergebracht war, hat ein neues Zuhause in Neue Mitte Lehen gefunden (→ Route 5).

Häufig begegnet man im Schloss Mirabell Hochzeitsgesellschaften. Denn in Salzburg finden die standesamtlichen Trauungen im Marmorsaal des Schlosses statt. Der Trauungssaal gilt als einer der schönsten weltweit.

Der angrenzende 3 **Mirabellgarten** bietet eine herrliche Kulisse für Fotos. Er wurde im barocken Stil und in geometrischer Form angelegt. (Einige wichtige Umgestaltungen wurden von Fischer von Erlach durchgeführt.) 1854 wurde der Garten unter Kaiser Franz Joseph der Öffentlichkeit zugänglich gemacht.

Grimassen im Zwergerlgarten

Wir betreten den Garten vom Schloss aus, vor uns befindet sich ein Brunnen. Wenn wir an diesem vorbei- und ein paar Treppen auf der gegenüberliegenden Seite hinaufgehen, kommen wir

Heckentheater

Universität Mozarteum Salzburg

zum 4 **Zwergerlgarten.** Erzbischof Franz Anton Harrach ließ zwischen 1711 und 1715 28 steinerne Zwerge mit skurrilen Gesichtsausdrücken anfertigen. Hundert Jahre später aber wurden viele Teile des Zwergerlgartens zerstört. (Angeblich, weil Ludwig I. von Bayern sie so hässlich gefunden hatte.) Heute hat man den Garten mit etwa der Hälfte der Figuren – zwischen 1,20 und 1,40 Meter groß – rekonstruiert.

Wir gehen nun zurück zum Brunnen und nach rechts. Nach einigen Metern befindet sich rechter Hand – in den Hecken versteckt – das 5 **Heckentheater** aus dem Jahr 1771. Der Orchestergraben ist von steinernen Löwen flankiert. Je nach Saison gibt es hier Aufführungen. Im Mirabellgarten befindet sich auch eine 6 **Orangerie,** die für Besucher zugänglich ist (angrenzend ans Schloss, auf der Mirabellplatz-Seite des Parks.)

Wir nähern uns dem südlichen Ausgang des Parks. (Dabei gehen wir immer auf die Kulisse der Festung zu). Linker Hand, hinter der Parkmauer, fällt das moderne Gebäude der 7 **Universität Mozarteum Salzburg** (Mirabellplatz 1, Tel. 0662/619 80, www.moz.ac.at,) auf. 2011 übersiedelte das Mozarteum in die neuen Räumlichkeiten am Mirabellplatz – mit 160 Tasteninstrumenten, zwei Orgeln, 240.000 Büchern und Noten, 15.000 Medien (CDs, Videos, DVDs, Schallplatten).

Etappe 2: 8 bis 10 rund um den Makartplatz

Der südliche Ausgang des Mirabellgartens bringt uns zum Makartplatz. In der Mitte des Platzes steht seit 2008 eine gewaltige Bronzeskulptur. Dieses Werk,

Moderne Kunst auf dem Makartplatz: „Caldera“ von Anthony Cragg

8 **„Caldera“**, stammt vom Künstler Anthony Cragg und ist Teil des Salzburger Kunstprojekts der Salzburg Foundation (→ S. 75).

Dahinter, an der Stirnseite des Makartplatzes, befindet sich die 9 **Dreifaltigkeitskirche** (Dreifaltigkeitsgasse 14, Tel. 0662/87 74 95, www.kirchen.net). Sie wurde zwischen 1694 und 1707 von Fischer von Erlach erbaut. Den Innenraum ziert ein Kuppelfresko des Salzburger Barockmalers Johann Michael Rottmayr (1654–1730). Auf der Längsseite des Platzes, gegenüber dem Mirabellgarten-Ausgang, befindet sich das 10 **Mozart-Wohnhaus** (Makartplatz 8, Tel. 0662/87 42 27-40, tägl. 9–17.30, Juli und Aug. 9–20 Uhr). Zu diesem gehen wir nun hinüber. Das Haus wird auch „Tanzmeisterhaus“ genannt. Der Name geht darauf zurück, dass Lorenz Speckner 1711 per Dekret die Erlaubnis erhielt, an diesem Ort Tanzstunden für Adelige abzuhalten. Er übergab das Haus seinem Sohn Franz Karl Gottlieb, der später Trauzeuge von Wolfgang Amadeus Mozarts Eltern war. 1773 zog die Familie Mozart aus den engen Räumlichkeiten in der Getreidegasse (→ Route 1) in diese größere Wohnung. Wolf-

Mozart-Wohnhaus

gang Amadeus Mozart (1756–1791) lebte bis 1781 hier, sein Vater verstarb 1787 in diesem Haus.

Das Gebäude wurde im Zweiten Weltkrieg beschädigt und zunächst nur teilweise wieder aufgebaut. Japanische Sponsoren ließen das Haus nach alten Ansichten rekonstruieren. Im ersten Stock befindet sich heute ein Ton- und Filmmuseum zum Leben der Familie Mozart. (Ein Tipp: Ein Kombiticket für Mozarts Wohn- und Geburtshaus ist erhältlich.) Im Erdgeschoß des Gebäudes befindet sich das → **Café Classic** (Makartplatz 8, Tel. 0662/88 27 00, www.cafeclassic.at, tägl. 8–19.30 Uhr), das kleine Gerichte und auch Frühstück anbietet. Eine Alternative dazu ist das frische Gebäck von → **Anifer Mühlenbrot** (Makartplatz 4, Tel. 0662/87 66 78, Mo–Fr 7–18, Sa 8–12.30 Uhr) auf der anderen Platzseite.

Am oberen Ende des Platzes biegen wir nach rechts in die Dreifaltigkeitsgasse in, ein schmales Gässchen, das uns zur Linzer Gasse führt. Bücherfreunde werden hier gerne an der Nummer 12 stehenblieben, um in der → **Rupertus Buchhandlung** (Dreifaltigkeitsgasse 12, Tel. 0662/87 87 33-0, www.rupertusbuch.at, Mo–Fr 9–18.30, Sa 9–17 Uhr) zu stöbern. Das Geschäft befindet sich im Priesterseminar der Erzdiözese Salzburg. Auf unserem Weg in die Linzer Gasse passieren wir den Sauterbogen unterhalb des sogenannten Goldschlägerhauses. Rechter Hand geht die Lederergasse ab, in der sich das alteingesessene → **Lederhaus Schliesselberger** (Lederergasse 5, Tel. 0662/87 31 82, www.lederhaus.at, Mo–Fr 8.30–18, Sa 9–13 Uhr, jeden 1. Sa im Monat bis 16 Uhr) befindet. Bereits im 15. Jh. gingen Lederer und Gerber hier ihrem Gewerbe nach. Seit 1820 führt die Familie Schliesselberger das Geschäft, das eine beliebte Adresse bei Salzburgern ist, da hier auch komplizierte Reparaturen und Sonderanfertigungen gemacht werden.

Etappe 3: 11 bis 12 Linzer Gasse bis Sebastiansfriedhof

Die Linzer Gasse ist die Hauptader der rechten Salzachseite. Sie ist das Pendant zur Getreidegasse – und doch völlig anders. Sie ist ruhiger, bodenständiger, gemütlicher. Die Linzer Gasse war eine Gasse der Handwerksbetriebe – Fleischer, Büchsenmacher, Tuchhändler waren hier angesiedelt. Das ist bis heute so geblieben. Internationale Ladenketten gibt es hier kaum, dafür viele kleine Fachgeschäfte: Papier- und Lederwarenhandlungen, kleine Bäckereien und Reformhäuser.

Die Linzer Gasse führt vom sogenannten Platzl, das wir später queren werden, zur Schallmoser Hauptstraße. Früher war die Linzer Gasse die zentrale Straße, die gen Osten, also nach Wien, führte. Viele der Häuser in dieser Gasse – die heute nur für Ladetätigkeiten per Pkw befahrbar ist – sind auf das 15. oder sogar 14. Jh. zurückzuführen.

St.-Sebastians-Kirche

Um nur ein paar erwähnenswerte Gebäude zu nennen: In Haus Nr. 3. wohnte von 1540 bis 1541 Paracelsus, Arzt und Naturwissenschaftler. Auf Nr. 7 befindet sich seit 1809 die Engel-Apotheke. Der Dichter Georg Trakl (1887–1914) war hier für kurze Zeit Gehilfe. An der Mauer von Haus Nr. 9 erinnert eine Gedenktafel an Richard Mayr, ein großer Sänger, der 1877 hier geboren wurde.

Wir gehen nun die Linzer Gasse hinauf. Wer Stärkung für diese Route braucht, kann in der → **Bäckerei Funder** (Linzer Gasse 2, Tel. 0662/87 44 79, Mo–Fr 7–18, Sa 7–12 Uhr) eine Jause mitnehmen. Es lohnt sich: Nicht umsonst hat Bäcker Sepp Funder einige internationale Brotwett-

Sebastiansfriedhof: Ruheort von Wolf Dietrich und Mozarts Vater

Hemden Babitsch

bewerbe gewonnen. Und: Papst Johannes Paul II. hat bei seinen Salzburg-Aufenthalten Brot bei Funder bestellt.

Nach wenigen Metern geht linker Hand die Bergstraße ab. Hier befinden sich einige nette (Bier-) Lokale (→ Route 6).

Wir bleiben aber in der Linzer Gasse, etwa 300 Meter, auf Nr. 41, weiter kommen wir zur 11 **St.-Sebastians-Kirche.** Sie wurde 1512 eingeweiht, bereits 1598 ließ Fürsterzbischof Wolf Dietrich die Kirche umgestalten. Mitte des 18. Jh.s kam es zu einer weiteren Ergänzung. Durch den Stadtbrand von 1818 wurden aber große Teile der Kirche zerstört. Neben der Kirche befindet sich der ehemalige Bruderhof, durch den wir den 12 **Sebastiansfriedhof** betreten. Der Friedhof wurde um 1600 im Auftrag von Fürsterzbischof Wolf Dietrich im Stil eines italienischen „Campo Santo" – das mediterrane Gräberfeld – angelegt. Mitunter ein Grund für den Bau des Friedhofs war, dass der Domfriedhof in der Altstadt dem Bau der Residenz weichen musste. Vom Bruderhof kommend, befindet sich das Grabmal des Naturwissenschaftlers Paracelsus gleich rechts. In der Mitte des Friedhofs steht das Grabmausoleum Wolf Dietrichs. Unweit davon, zwischen Grabmausoleum und Kirche, liegen auch einige Mitglieder der Familie Mozart begraben – etwa Constanze, die Witwe von Wolfgang Amadeus. Auch dessen Vater Leopold ruht hier.

Wer an dieser Stelle eine kleine Stärkung benötigt, dem empfehlen wir, im → **Altstadtheurigen im Bruderhof** (Linzer Gasse 39, Tel. 0699/10 66 06 91, www.altstadtheuriger-bruderhof.at, Di–Sa ab 11 Uhr) einzukehren, der österreichische Küche bietet. Das gegenüberliegende → **Cappomio** (Linzer Gasse 39, Tel. 0662/87 55 45, www.cappomio.at, Mo–Sa 8–22, So 9–22 Uhr) ist hip und trendy. Hier gibt es ein großes Kaffee- und auch Teesortiment, Mittagsgerichte und tolle Frühstücksplatten – und einen Vespa-Roller im Innenbereich.

Für Modebegeisterte lohnt es sich, noch ein Stückchen weiter die Linzer Gasse hinaufzugehen, bis zur Wolf-

Dietrich-Straße, die links abzweigt. Hier befindet sich das kleine Geschäft → **Hemden Babitsch** (Wolf-Dietrich-Straße 15, Tel. 0662/88 38 52, www.babitsch-living-ideas.com, Mo–Fr 9–18, Sa 9–13 Uhr). Nicht nur Hemden werden hier nach Maß angefertigt: Sie können sich auch eine Abendrobe oder sogar ein Brautkleid schneidern lassen.

Etappe 4: 13 bis 17 auf den Kapuzinerberg

Wir gehen jetzt die Linzer Gasse zurück Richtung Innenstadt retour. Auch hier gibt es einige Einkehrmöglichkeiten – etwa das alteingesessene → **Café Habakuk** (Linzer Gasse 26, Tel. 0662/87 41 50, tägl. 9–22 Uhr). Eine zweite Filiale des Habakuk gibt es im Süden der Stadt, in Elsbethen.

Bei Haus Nummer 14 kommen wir zu einem Torbogen: die Franziskuspforte. Hier beginnen wir unseren Aufstieg auf den Kapuzinerberg über den Stefan-Zweig-Weg. Über der Pforte befindet sich das Wappen von Erzbischof Markus Sittikus sowie ein Relief des heiligen Franziskus. Wir nehmen die Treppen, die uns bergwärts führen. Früher hieß der Kapuzinerberg „Imberg". Er hat eine lange Geschichte – bereits 1000 v. Chr. hat es zwei Wohnstellen oberhalb des heutigen Klosters gegeben. Auf dem Weg hinauf kommen wir an sechs barocken 13 **Kreuzwegkapellen** vorbei, die zwischen 1736 und 1744 von Salzburger Künstlern geschaffen wurden. Auch führt der Stefan-Zweig-Weg durch die 14 **Felixpforte,** die im Auftrag von Fürsterzbischof Paris Lodron 1632 errichtet wurde. Kurz darauf sehen wir das

Sechs barocke Kreuzwegkapellen auf dem Kapuzinerberg

Felixpforte: ein Auftrag des Fürsterzbischofs

15 Paschinger Schlössel: Hier wohnte zwischen 1919 und 1934 der Schriftsteller Stefan Zweig.

Wir erreichen nun das **16 Kapuzinerkloster** (Kapuzinerberg 6, Tel. 0662/87 35 63, www.kapuziner.org). Im Mittelalter stand an dieser Stelle ein Wehrturm, das „Trompeterschlösschen". Als Fürsterzbischof Wolf Dietrich 1594 die Kapuziner – als zweiten Bettelorden nach den Franziskanern – nach Salzburg holte, wurde der Turm in ein Kloster samt Kirche umgestaltet. Die Eichentür soll aus dem alten Salzburger Dom stammen. Zwischen 1939 und 1945 wurden die Ordensbrüder aus dem Kloster verbannt. Hier sollten eine Gauhalle, ein Stadion und ein neues Festspielhaus entstehen. Die Pläne wurden nie umgesetzt.

Wer Zeit und Lust hat, kann einen → **Exkurs zum Franziskischlössl** (ca. noch 1,2 Kilometer, allerdings bergauf, der Weg ist ausgeschildert) machen. Das **17 Franziskischlössl** (Kapuzinerberg 9, Tel. 0662/87 25 95, www.franziskischloessl.at, Mi–So 11–18 Uhr) war Teil einer Wehranlage und wurde 1629 von Erzbischof Paris Lodron im Dreißigjährigen Krieg errichtet. (Salzburg galt damals als eine der bestverteidigten Städte Mitteleuropas.) In der Folge wurde das Schloss nicht als Wehranlage, sondern als Jagdsitz genützt. Nach 1816 wurde das Franziskischlössl verpachtet, heute ist hier ein Gastronomiebetrieb mit großem Gastgarten und riesigen Lindenbäumen. Rund um Ostern gibt es hier einen Ostermarkt.

Ausflugsziel Franziskischlössl

Das Kapuzinerkloster, das eine Gauhalle hätte werden sollen

Etappe 5: 18 bis 20 Steingasse und Giselakai

Unsere Route aber führt uns wieder hinunter in die Stadt. Dazu wählen wir nicht den Stefan-Zweig-Weg, über den wir gekommen sind, sondern die Imbergstiege (in Richtung Steingasse). Die beiden Wege treffen sich auf der Kanzel vor dem Kloster. Die Stiege ist der direktere Weg. Steile Treppen führen uns am Kirchlein → **St. Johannes am Imberg** vorbei, das auch Mozart gerne besucht haben soll.

Unten angekommen, gleich links neben der Treppe bei Haus Nr. 9, hängt eine 18 **Gedenktafel,** die an **Joseph Mohr** erinnert. Ob der Textdichter von „Stille Nacht, heilige Nacht" tatsächlich in diesem Haus geboren wurde (am 11. Dezember 1792), war lange umstritten. Das tatsächliche Geburtshaus soll Haus Nr. 31 sein.

Steile Stufen führen zur Steingasse

Wir gehen die Steingasse stadtauswärts, weg von der Linzer Gasse. Gleich rechts an der Ecke befindet sich → **DAS KINO – Salzburger Filmkulturzentrum** (Giselakai 11, Tel. 0662/87 31 00, www.daskino.at). Es ist das einzige Arthouse-Kino der Stadt und zeigt Filme abseits des Mainstreams. Produktionen aus Euro-

Engelwirtsbrunnen

pa, Asien, Afrika, Lateinamerika werden hier – meist in Originalversion mit Untertiteln – gezeigt. Einen vergünstigten Kinotag gibt es hier nicht – die Karte kostet neun Euro. Für Cineasten gibt es aber günstigere Fünfer- und Zehnerblocks sowie Rabatt für Studenten und Senioren.

Hinter dem Kino wird die Steingasse ruhiger, wer nicht gerade im Sommer in Salzburg ist, wird manchmal vielleicht ganz alleine durch das mittelalterliche Gässchen streifen, das früher eine sehr bedeutende Rolle für den Handel spielte. Die schweren Salzfuhrwerke von Hallein fuhren durch diese Straße, auch war die Steingasse Hauptverkehrsweg in den Süden – sie führte Richtung Gebirge und nach Italien. Über die Jahrhunderte siedelten sich hier zahlreiche Handwerker an, die Wasser benötigten (Gerber, Färber, Bleicher). Die freistehenden Häuser an der rechten Seite lagen bis zur Regulierung der Salzach 1862 direkt am Fluss. Die Häuser links wurden direkt an den Berg gebaut.

Die Steingasse war immer wieder auch Kriegsschauplatz: Das Innere Steintor zählt zu den ältesten Toren der Stadt Salzburg. Während des Dreißigjährigen Krieges wurde es zu einem Bollwerk ausgebaut. (Salzburg blieb von den turbulenter Ereignissen verschont.)

Obwohl die Steingasse nur wenige Meter von der belebten Linzer Gasse und der stark befahrenen Imbergstraße/Giselakai entfernt ist, bleibt sie von vielen unbemerkt. Es ist erstaunlich ruhig hier, obwohl wir mitten in der Stadt sind. Die Häuser sind bewohnt, in den unteren Geschoßen gibt es hier und da kleine Gassenlokale (Vinotheken, Buchläden, Galerien), manche haben nur sehr eingeschränkte Öffnungszeiten. Durchgehend geöffnet hat die → **Buchhandlung Paracelsus** (Steingasse 47, www.parabuch.at, Tel. 0662/88 26 75, Mo–Fr 9–18.30, Sa 9–14 Uhr), die ihren Schwerpunkt auf spirituelle Bücher legt. Auf der Höhe der Buchhandlung gibt es die Möglichkeit, hinunter zur Salzach und ein kleines Stückchen am Fluss retour zum Anfang der Linzer Gasse, zum Platzl (siehe unten), zu gehen. Wir empfehlen aber, die Steingasse bis zum Ende zu erkunden – bis zum Äußeren Stein. Wer abends unterwegs ist und Durst hat, kann in der über hundert Jahre alten → **Andreas Hofer Weinstube** (Steingasse 65, Tel. 0662/87 27 69, www.dieweinstube.at, Mo–Sa 18–1 Uhr) einkehren. Schon 1874 wurde hier ein Gasthaus geführt, das „Zum Apfel" hieß. Die Andreas Hofer Weinstube gibt es seit den 1920ern. Sie ist Salzburger Kult. Der Name „Weinstube" mag zunächst irreführend sein: Es gibt hier sehr wohl auch Speisen, etwa die Salzburger Kaspressknödel (→ Route 6), die auf Salat oder als Suppe serviert werden.

Am Ende der Gasse kommen wir zum Äußeren Stein – heute für die meisten Salzburger nur eine Bushaltestelle. Wenig erinnert daran, dass einst hier das Äußere Steintor stand. Hier befindet sich auch der 19 **Engelwirtsbrunnen** aus dem 17. Jh., der nach dem damaligen „Engelwirt" in der Steingasse benannt ist.

Nicht übersehen sollte man beim Äußeren Stein auch die → **Konditorei Ratzka** (Imbergstraße 45, Tel. 0662/64 00 24, Di–Fr 8–12.30 und 13.30–18, Sa 8–12.30 und 13.30–17 Uhr). Sie wurde vom Gourmetführer Gault-Millau zur landesbesten Konditorei ernannt. Die Vitrine – mit zwanzig verschiedenen Torten – ist eine Sehenswürdigkeit.

Wir überqueren die Imbergstraße an der Ampel, um zum Fußweg an der Salzach zu gelangen. Ein kleiner Tipp an dieser Stelle für Trachtenfans: Die Salzburger Firma → **Lanz** (Imbergstraße 5, Tel. 0662/87 42 72, Mo–Fr 9–13

„Amadeus Salzburg" – das Schiff auf der Salzach

und 14–17, Sa 9–12 Uhr) hat ihren Sitz in unmittelbarer Nähe. Eine gute Gelegenheit also, bei der Maßschneiderei vorbeizuschauen.

Am Fluss entlang gehen wir zurück zur Staatsbrücke und haben dabei einen guten Blick auf die Altstadt und die linke Salzachseite. Dort, wo der Fußgängerweg sich mit dem Giselakai trifft, sind einige Lokale, in denen man abends entspannen kann. Sowohl von der Bar → **Monkeys** (Imbergstraße 2a, Tel. 0662/87 66 52, Mo–Do, So 11.30–2, Fr–Sa 11.30–4 Uhr) als auch vom → **Watzmann** (Giselakai 17a, www.watzup.at, Mo–Mi 20–4, Do–So 20–5 Uhr) hat man einen schönen Blick über die Stadt. Beide haben einen gemütlichen Loungegarten und leckere Cocktails.

Unsere Route – stadteinwärts entlang der Salzach – führt uns vorbei am Hotel Stein. Bei den Salzburgern ist die → **Steinterrasse** (Giselakai 3–5, Tel. 0662/87 43 46, www.hotelstein.at, tägl. 7–24 Uhr. Achtung: Sommer- und Winteröffnungszeiten), eine Bar am Dach des Hotels, ein beliebter Treffpunkt. Hier gibt es Getränke und kleine Speisen. Ein Tipp: Auch Nicht-Hotelgäste können hier ausgiebig am Frühstücksbuffet schlemmen – allerdings nur mit Voranmeldung! Reservierung spätestens einen Tag vorher zwischen 7 und 10 Uhr (zu den Frühstückszeiten). Wer im Hotel übernachten will, findet schicke Zimmer, in denen der Stil der Fünfzigerjahre mit zeitgenössischem Interieur gemischt wird. (Blick auf die Salzach ist eine eigene Preiskategorie!)

An der Staatsbrücke queren wir die Straße, um zum Platzl zu gelangen. Dieser Platz am Beginn der Linzer

Frühstück mit Ausblick auf der Steinterrasse

Gasse bildet quasi den Brückenkopf der Staatsbrücke. Bei Schönwetter geben kleine Fontänen, die aus dem Boden spritzen, dem Platzl ein besonderes Flair.

Der größte Stuhl der Stadt: „Spirit of Mozart" von Marina Abramovic

Anstatt die Linzer Gasse wieder hinaufzugehen, folgen wir der großen Straße und gehen parallel zum Verkehr. Der natürliche Verlauf des Gehsteigs führt uns in die Theatergasse, ein kurzes Gassenstück, das heute hauptsächlich eine Bushaltestelle ist (für die Linien Richtung Hauptbahnhof). Bevor wir hier einbiegen, lenken wir aber den Blick noch einmal Richtung Brücke und Fluss: Auf einer grünen Fläche vor der Staatsbrücke stehen Stessel, die um einen 15 Meter hohen, aus Edelstahl gefertigten Stuhl aufgestellt sind. Es handelt sich um das Werk 20 **„Spirit of Mozart"** von der Video- und Performancekünstlerin Marina Abramovic. Das Werk ist Teil des Kunstprojekts Salzburg der Salzburg Foundation (→ Seite 75) und wurde 2004 installiert.

Etappe 6: 21 bis 23 zurück zur Salzach

Wir gehen die Theatergasse entlang, passieren dabei einige kleine Geschäfte, etwa die Salzburger Bäckerei Flöckner, ein sehr gut sortiertes Zeitschriftengeschäft und den → **Feinkostladen Kölbl** (Theatergasse 2, Tel. 0662/87 24 23, www.koelbl-feinkost.at, Mo–Fr 9–18, Sa 8.30–12.30 Uhr). Hier kann man eine kleine „Genusspause" einlegen: Es gibt österreichische, italienische und spanische Delikatessen zum Mitnehmen und ein Mittagsmenü. Etwa frische Pasta, auf schönen, großen Tellern serviert. Einziger Wermutstropfen: Die Speisen werden an Stehtischen gegessen. In der Festspielzeit kann der Anblick von eleganten Kulturliebhabern mit Stehtischpasta ein unterhaltsames Bild abgeben.

Die Theatergasse führt uns zum Makartplatz, den wir zu Beginn unserer Route passiert haben. Gleich linker Hand, an der Adresse Makartplatz Nr. 1, befindet sich eine 21 **Gedenktafel**, die an **Christian Doppler** erinnert.

Gedenktafel für Salzburgs berühmten Naturwissenschaftler

Der Mathematiker und Physiker wurde in diesem Haus geboren, Jahre später beschrieb er den „Dopplereffekt“, der darin besteht, dass sich die Frequenz von Wellen mit der Entfernung verändert.

Gegenüber sehen wir das 22 **Salzburger Landestheater** (Schwarzstraße 22, Tel. 0662/87 15 12-222, www.salzburger-landestheater.at). Seit dem 18. Jh. wird hier Theater gespielt: Fürsterzbischof Hieronymus Franz Josef von Colloredo-Mannsfeld ließ hier 1775 ein „Fürsterzbischöfliches Theater“ bauen, an der Stelle eines Ballhauses aus dem 17. Jh. Heute ist das Landestheater ein Vierspartenhaus mit den Bereichen Musiktheater (Oper und Operette), Schauspiel, Tanztheater sowie Kinder- und Jugendtheater. Das Landestheater hat ein eigenes Schauspiel-, Opern- und Tanzensemble, als Hausorchester fungiert das Mozarteum Orchester Salzburg.

Überqueren wir nun die Schwarzstraße, um hinüber zum 23 **Hotel Sacher** (Schwarzstraße 5–7, Tel. 0662/88 97 70, www.sacher.com) zu gelangen. Das Sacher gilt als das erste Haus am Platz. Das imposante Gebäude ließ Carl Freiherr von Schwarz in den Jahren 1863 bis 1866 erbauen. Heute beherbergt es die High Society, Opern-

Landestheater Salzburg: seit dem 18. Jahrhundert eine Bühne

Hotel und Café Sacher: Tradition lockt auch Prominente

sängerin Anna Netrebko wohnt etwa während der Salzburger Festspiele hier. Das Haus wurde 1866 durch den Hotelier Karl Irresberger eröffnet und hieß lange Zeit „Österreichischer Hof". 1988 wurde es von der Familie Gürtler (Hotel Sacher, Wien) erworben. Wie in Wien gibt es hier im Café auch die Sachertorte nach Originalrezept, die 1832 vom 16-jährigen Lehrling Franz Sacher kreiert wurde. Gehen wir nun am Hotel Sacher seitlich vorbei in Richtung Salzach. Vor uns befindet sich der Makartsteg, links finden wir – an Schönwettertagen – einige belebte Terrassen. Jene, die am nächsten zu uns ist, ist das → **Café Sacher** (tägl. 7.30–24 Uhr). In der Mitte liegt das zum Hotel Sacher gehörende Restaurant → **Salzach Grill** (tägl. 11.30–24 Uhr). Wer in ein echtes „Literatencafé" gehen möchte, sollte ins → **Bazar** (Schwarzstraße 3, Tel. 0662/87 42 78, Mo–Sa 7.30–23, So 9–18 Uhr) gehen. Hier haben schon Stefan Zweig und Friedrich Torberg geschrieben (→ Route 6).

Um zum Ziel dieser Route, zum Ferdinand-Hanusch-Platz, zu gelangen, überqueren wir die Salzach über den Makartsteg. Früher, auf der alten Brücke, die in den 1960ern erbaut wurde, konnte man beim Überqueren ein deutliches Schwingen verspüren. Allerdings wurde diese Brücke in den 1990ern baufällig, ein EU-weiter Wettbewerb für die Neugestaltung wurde ausgeschrieben. Das Architekturbüro Halle 1, das in Salzburg auch die neue Eisenbahnbrücke und das Projekt „Neue Mitte Lehen" konzipierte (→ Route 5), bekam den Zuschlag. Der neue Steg wurde 2001 als direkte Verbindung zwischen dem Elisabethkai und dem Ferdinand-Hanusch-Platz eröffnet.

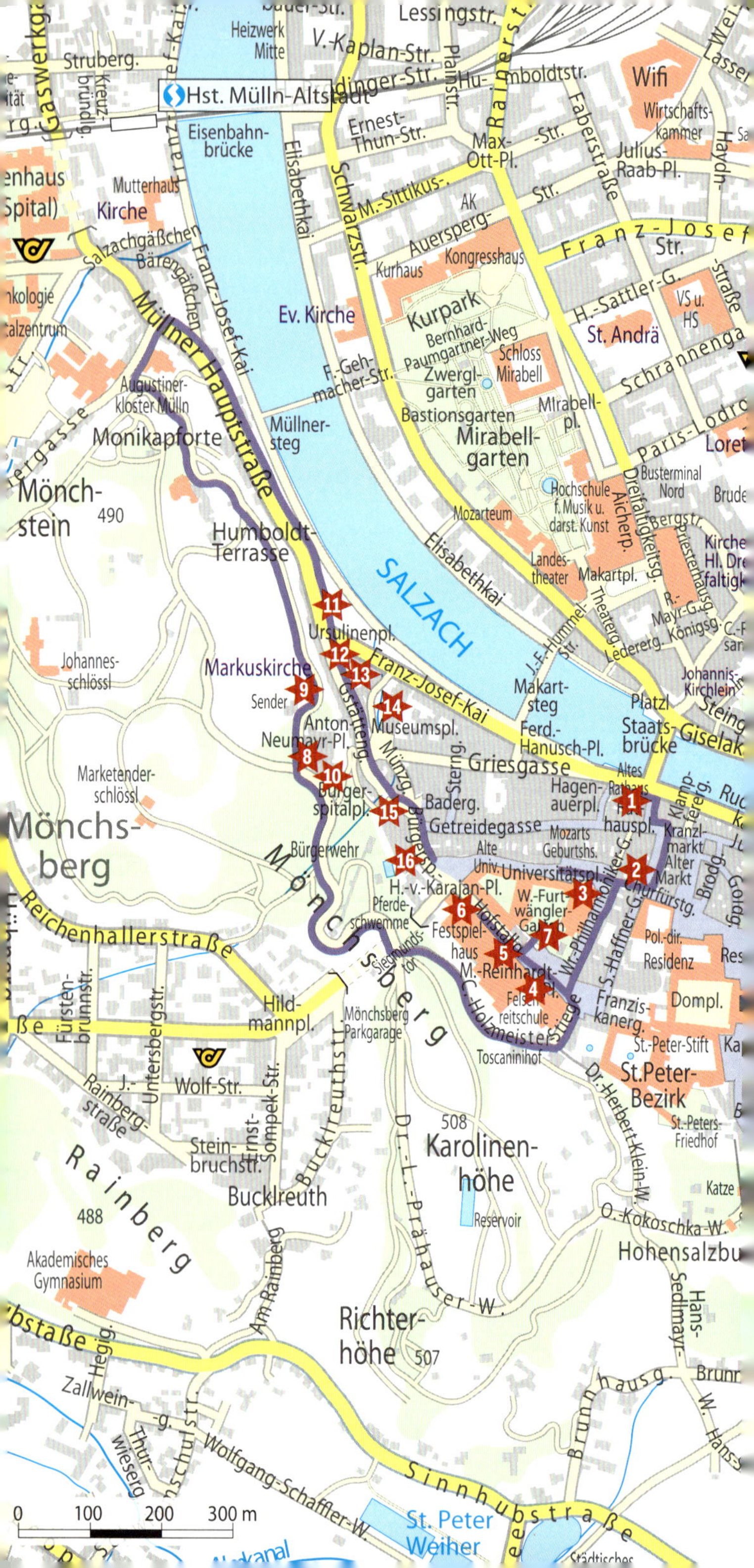

Hst. Mülln-Altstadt
Struberg.
Gaswerkg.
Kreuzbründlg.
Heizwerk Mitte
V.-Kaplan-Str.
Lessingstr.
Plainstr.
Rainerstr.
Humboldtstr.
Wifi
Wirtschaftskammer
Julius-Raab-Pl.
Haydnstr.
Eisenbahnbrücke
Elisabethkai
Schwarzstr.
Ernest-Thun-Str.
Max-Ott-Pl.
Faberstraße
M.-Sittikus-Str.
Auersperg-Str.
AK
Kongresshaus
Kurhaus
Franz-Josef-Str.
Mutterhaus
Kirche
Salzachgäßchen
Bärengäßchen
Franz-Josef-Kai
Müllner Hauptstraße
Ev. Kirche
Kurpark
Bernhard-Paumgartner-Weg
Schloss Mirabell
Zwerglgarten
F.-Gehmacher-Str.
H.-Sattler-G.
VS u. HS
St. Andrä
Schrannengasse
Augustinerkloster Mülln
Monikapforte
Müllnersteg
Bastionsgarten
Mirabellgarten
Mirabellpl.
Paris-Lodron-Str.
Mönchstein
490
Humboldt-Terrasse
Mozarteum
Hochschule f. Musik u. darst. Kunst
Aicherp.
Dreifaltigkeitsg.
Busterminal Nord
Bergstr.
Priesterhausg.
Kirche Hl. Dreifaltigkeit
SALZACH
Elisabethkai
Landestheater
Makartpl.
Theaterg.
J.-F.-Hummel-Str.
R.-Mayr-G.
Lederg.
Königsg.
Johannesschlössl
Markuskirche
Sender
Ursulinenpl.
Franz-Josef-Kai
Gstätteng.
Museumspl.
Makartsteg
Ferd.-Hanusch-Pl.
Platzl
Staatsbrücke
Giselakai
Steingasse
Johannis-Kirchlein
Anton-Neumayr-Pl.
Marketenderschlössl
Münzg.
Sterng.
Griesgasse
Bürgerspitalpl.
Baderg.
Hagenauerpl.
Altes Rathaus
Kranzlmarkt
Klampferg.
Mönchsberg
Getreidegasse
Mozarts Geburtshs.
Alter Markt
Brodg.
Goldg.
Bürgerwehr
Bürgersp.
Alte Univ.
Universitätspl.
H.-v.-Karajan-Pl.
W.-Furtwängler-Garten
Churfürstg.
Pferdeschwemme
Festspielhaus
Hofstallg.
Wr.-Philharmoniker-G.
S.-Haffner-G.
Pol.-dir.
Residenz
Reichenhallerstraße
Siegmundstor
M.-Reinhardt-Pl.
Felsenreitschule
C.-Holzmeister-Stiege
Franziskanerg.
Dompl.
Hildmannpl.
Fürstenbrunnstr.
Untersbergstr.
Mönchsberg Parkgarage
Toscaninihof
St.-Peter-Stift
St. Peter-Bezirk
J.-Wolf-Str.
Ernst-Sompek-Str.
Bucklreuthstr.
Rainbergstraße
Steinbruchstr.
Bucklreuth
Dr.-L.-Prähauser-W.
508
Karolinenhöhe
Reservoir
Dr.-Herbert-Klein-W.
St.-Peters-Friedhof
Katze
O.-Kokoschka-W.
Hohensalzburg
Rainberg
488
Am Rainberg
Akademisches Gymnasium
Hans-Sedlmayr-W.
Hegig.
Richterhöhe
507
Zallwein-g.
Thurnschulstr.
Wieserg.
Wolfgang-Schaffler-W.
Brunnhausg.
Sinnhubstraße
St. Peter Weiher
Almkanal
0
100
200
300 m
1
2
3
4
5
6
7
8
9
10
11
12
13
14
15
16

3 Weltmusik und Weitblick: vom Festspielbezirk auf den Mönchsberg

Ausgangspunkt: Staatsbrücke, Rathaus (Bushaltestelle, Linien 3, 5, 6, 7, 8, 10)
Endpunkt: Pferdeschwemme, Herbert-von-Karajan-Platz (Bushaltestelle, Linien 1, 4, 10)
Dauer: 2 bis 2,5 Stunden (ohne Museum)

★ UNBEDINGT HINGEHEN

- → Kollegienkirche
- → Festspielbezirk
- → Museum der Moderne
- → Haus der Natur
- → Pferdeschwemme

Die Route: Rudolfskai (1 Rathaus) – Getreidegasse – Sigmund-Haffner-Gasse 2 Ritzerbogen) – Universitätsplatz/Grüner Markt (3 Kollegienkirche) – Wiener-Philharmoniker-Gasse – Max-Reinhard-Platz – Hofstallgasse (4 Haus für Mozart, 5 Felsenreitschule, 6 Großes Festspielhaus) – Furtwänglerpark (7 „A.E.I.O.U.") – Clemens-Holzmeister-Stiege – Mönchsberg (8 Museum der Moderne, 9 „Ziffern im Wald", 10 „SKY-SPACE") – Abstieg nach Mülln – Lindhofstraße – Müllner Hauptstraße (11 Klausentor, 12 „Hommage an Mozart") – Ursulinenplatz (13 St.-Markus-Kirche) – Gstättengasse – Museumsplatz (14 Haus der Natur) – Bürgerspitalgasse (15 Spielzeugmuseum) – Herbert-von-Karajan-Platz (16 Pferdeschwemme).

Diese Route führt durch den Festspielbezirk. Hinter den Festspielgebäuden steigen wir hinauf auf den Mönchsberg, um herrliche Ausblicke über die Stadt zu genießen. Auf dem Mönchsberg versteckt sich auch die „grüne Lunge" der Stadt. Wälder und Wiesen laden zum Verweilen ein. Die Kunst – etwa das Museum der Moderne – bietet einen gelungenen Kontrast zum naturbelassenen Umfeld.

Etappe 1: 1 bis 7 vom Rathaus zum Festspielbezirk

Ausgangspunkt dieser Route ist die Bushaltstelle Rathaus, zahlreiche Linien halten hier im Zentrum (siehe oben).

Trotz prächtiger Rokokofassade nicht mehr Sitz des Bürgermeisters

Hinter der Bushaltestelle befindet sich das 1 **Rathaus** (Rudolfskai 2), ein vierstöckiger Bau mit Rokokofassade und einem charakteristischen kleinen (Glocken-)Turm. Das Gebäude grenzt an die Getreidegasse, den Rathausplatz und den Rudolfskai. Seit 1407 ist dieses Haus im Besitz der Stadt Salzburg. Zwischen 1616 und 1618 wurde das Rathaus von Erzbischof Markus Sittikus umgebaut, die Rokokofassade geht auf das Jahr 1772 zurück. Die Turmuhr des Rathauses ist vermutlich das älteste erhaltene Uhrwerk im Land Salzburg. (Nicht zu verwechseln mit der Mondphasenuhr von 1618, die sich an der Fassade des Hauses befindet!) Im 19. und frühen 20. Jh. war das Rathaus Sitz des Bürgermeisters, seither residiert der Stadtchef im Schloss Mirabell (→ Route 2). Im Rathaus sind Magistratsabteilungen untergebracht. Auch Sitzungssäle des Gemeinderats, eine Polizeiwachstube und einige Geschäfte sind hier zu finden. Das Rathaus erstrahlt seit 2012 in neuem Glanz – es wurde generalsaniert und barrierefrei gemacht.

Wir gehen nun rechter Hand durch den Rathausbogen, biegen hier nach links in die Getreidegasse ein, um gleich danach rechts den Weg in die Sigmund-Haffner-Gasse einzuschlagen. Diese Gasse ist nach dem Bürgermeister Sigmund Haffner (1768–1772) benannt, der im Haus Nr. 6 wohnte. Heute für Salzburg-Besucher interessanter ist das Haus Nr. 10: der historische 2 **Ritzerbogen,** eine Straßendurchführung, die zum Universitätsplatz führt.

Bevor wir durch diesen – oft in dichtem Gedränge – Tunnel hindurchgehen, empfiehlt sich ein kurzer Abstecher in die → **Buchhandlung Höllrigl** (Sigmund-Haffner-Gasse 10, Tel. 0662/84 11 46, Mo–Fr 9–18.30, Sa 9–18 Uhr). Sie befindet sich direkt links neben dem Ritzerbogen und ist eine der ältesten noch bestehenden Buchhandlungen Österreichs. 1598 wurde sie von Konrad Kürner

Der historische Ritzerbogen führt zum Universitätsplatz

gegründet, damals unter dem Namen „Kürners Hof-Buchdrucker". Der heutige Name Höllrigl geht auf den Buchhändler Eduard Höllrigl zurück (1861–1901), der die Buchhandlung 1901 kaufte.

Im Ritzerbogen selbst befindet sich eine kleine Filiale der → **Konditorei Fürst** (Sigmund-Haffner-Gasse 10, Tel. 0662/84 91 37, www.original-mozartkugel.com, Mo–Sa 10–18, Aug., Dez. und Ostern auch So geöffnet, → auch Route 1), falls noch Mozartkugeln zur Stärkung auf den Weg genommen werden sollen. Allerdings brauchen wir nicht unbedingt Proviant, denn unser Weg führt uns weiter zum Universitätsplatz, auf dem der Ganztagesmarkt → **Grünmarkt** (Mo–Fr 7–19, Sa 6–15 Uhr) stattfindet. An Werktagen werden rund vierzig Stände auf dem Universitätsplatz aufgebaut, an Samstagen dehnt sich der Markt mit bis zu neunzig Ständen in die Wiener-Philharmoniker-Gasse aus. Angeboten werden Köstlichkeiten aus der Region: Schinken, Käse, Obst, Gemüse, Honig und vieles mehr. Bereits seit 1857 ist der Universitätsplatz „Marktplatz" in Salzburg. Zuvor kaufte man am Alten Markt (→ Route 1) ein. Seit 1984 wird der Grünmarkt hier als Ganztagesmarkt geführt. An Sonntagen ist

Konditorei Fürst versorgt Naschkatzen mit Süßem

kein Markttag. Da kann es passieren, dass der Platz ein wenig verlassen wirkt. Bei Schönwetter stehen lediglich die Tische der → **Hagenauerstuben** (Universitätsplatz 14, Tel. 0662/84 26 57, www.hagenauerstuben.at, Mo–Sa 9–24, So 12–20 Uhr) auf dem Platz. Ein beliebter Treffpunkt – mitunter auch wegen der bedeutenden Lage: Das Lokal – von den Salzburgern „Die Hagenauer" genannt – befindet sich im ersten Stock von Mozarts Geburtshaus. Dies fällt zunächst nicht auf, da man das Lokal von der anderen Seite, also über den Universitätsplatz, betritt. Benannt ist die gemütliche Gastwirtschaft nach einem Freund der Familie Mozart: dem Handelsherrn und Spezereiwarenhändler Johann Lorenz Hagenauer (1712–1792).

An Sonn- oder Feiertagen, wenn kein Markt auf dem Platz stattfindet, kommt die 3 **Kollegienkirche** (Universitätsplatz, Tel. 0662/84 13 27, www.kollegienkirche.at, tägl. bis zur Dämmerung) umso besser zur Geltung. 1694 wurde sie im Auftrag von Erzbischof Johann Ernst von Thun errichtet – eigens für die Universität. (Sie wird von den Salzburgern auch Universitätskirche genannt.) Der Sakralbau gilt als Paradestück der Kunst des Baumeisters Johann Bernhard Fischer von Erlach und war auch Vorbild für zahlreiche Barockbauten, insbesondere in Süddeutschland.

Wir schlagen nun den Weg links neben der Kollegien- bzw. Universitätskirche ein: Zwischen Imbissbuden und dem → **Zipfer Bierhaus** (Universitätsplatz 19, Tel. 0662/84 07 45, www.zipfer-bierhaus.at, Mo–Sa 10–24 Uhr, während der Festspiele auch Mo geöffnet) führt die Wiener-Philharmoniker-Gasse zum Max-Reinhardt-Platz, also direkt in die „Festspielzone".

Kollegienkirche

Kunstliebhaber können einen Abstecher ins → **MdM Rupertinum** (Wiener-Philharmoniker-Gasse 9, Tel. 0662/84 22 20-451, www.museumdermoderne.at, Di–So 10–18, Mi 10–20 Uhr) machen, Teil des Museums der Moderne, das wir in Kürze auf dem Mönchsberg besichtigen werden.

Kunst trifft Kulinarik: Rund um das MdM Rupertinum gibt es viele Lokale

Bevor wir mit unserem Aufstieg auf den Mönchsberg beginnen, sammeln wir unsere Kräfte und nehmen uns ein paar Minuten, um den Festspielbezirk – die Spielstätten – auf uns wirken zu lassen.

Vorab ein kurzer Abriss über die Entstehung der Festspiele:

Der „Jedermann“ von Hugo von Hofmannsthal (1874–1929) ist ein Kernstück der Salzburger Festspiele. Erstmals wurde er im August 1920 aufgeführt – unter der Leitung von Max Reinhardt. Drei Jahre zuvor war der Verein Salzburger Festspielhaus-Gemeinde gegründet worden, mit dem Ziel, Mozartfestspiele abzuhalten. (Max Reinhardt hatte den Plan, die Festspiele in Hellbrunn, → Route 4, abzuhalten. Zu einer Umsetzung kam es allerdings nie.) Die Zeit war eine wirtschaftlich turbulente, öffentliche Zuschüsse gab es nicht. Dennoch gelang es den Engagierten – darunter auch der Komponist Richard Strauss – die Festspiele international bekannt zu machen. 1921 gab es zusätzlich zum Stück „Jedermann“ Konzerte, später dann Opern. Mozarts Werke, aber auch Opern von Richard Strauss, Richard Wagner oder Guiseppe Verdi wurden aufgeführt. Unter der NS-Kulturpolitik zwischen 1938 und 1944 rückte die Bedeutung der Salzburger Festspiele in den Hintergrund, zahlreiche Gründerväter flohen ins Exil.

1945 wendete man sich wieder den Festspielen zu. Hier ist vor allem der weltberühmte Dirigent Herbert von Karajan zu nennen, er gestaltete den Spielplan neu,

Haus für Mozart: Zum 250. Geburtstag schenkten die Salzburger dem Komponisten eine Bühne

wählte die Künstler, Sänger und Regisseure aus. Am 26. Juli 1960 wurde das neuerbaute Große Festspielhaus eröffnet. Karajan bewirkte eine Internationalisierung der Festspiele. Nach seinem Tod 1989 galt es die Stagnation, die schon gegen Ende der „Ära Karajan" zu verspüren war, zu überwinden. Das Repertoire wurde breiter und moderner, auch jüngere Publikumsschichten sollten angesprochen werden. Ständig arbeitet man an der Weiterentwicklung des Programms.

Auf unserer Route begegnen wir zuerst dem 4 **Haus für Mozart** (Hofstallgasse 1, Tel. 0662/804 55 00, www.salzburgerfestspiele.at), bei den Salzburgern noch als das „Kleine Festspielhaus" bekannt. Im Jahr 2006, anlässlich des 250. Geburtstags von Wolfgang Amadeus Mozart, war der Plan der Festspielorganisatoren, eine Bühne zu schaffen, die an die Stücke des Salzburger Komponisten Wolfgang Amadeus Mozart angepasst ist, endlich Wirklichkeit.

Seit der Eröffnung des Kleinen Festspielhauses 1925 – es wurde von Architekt Clemens Holzmeister errichtet – wurde die Spielstätte mehrfach umgebaut. 1937 erfolgte etwa die Drehung des Zuschauerraumes um 180 Grad, wodurch ein Bühnenhausanbau notwendig wurde. Um diesen durchzuführen, ließ der damalige Landeshauptmann Franz Rehrl sein Geburtshaus im Toscaninihof abreißen. Während der NS-Zeit wurde das Haus erneut umgestaltet – von Benno von Arent, einem „Reichsbühnenbildner". Allerdings waren die Akustikbedingungen nicht die Besten. Es kam zu einigen weiteren Adaptionen in den Sechzigerjahren, um optimale Akustik- und Sichtverhältnisse von allen Plätzen aus zu bieten. 2003 bis 2006 schließlich wurde das Kleine Festspielhaus zum „Haus für Mozart" umgebaut, zur Eröffnung wurde Mozarts „Le Nozze di Figaro" unter der Leitung von Nikolaus Harnoncourt aufgeführt. Heute bietet diese Spielstätte Platz für 1580 Besucher.

Neben dem Haus für Mozart befinden sich die Felsenreitschule und das Große Festspielhaus.

Die 5 **Felsenreitschule** (Hofstallgasse 1, Tel. 0662/804 55 00, www.salzburgerfestspiele.at) wurde 1693 im Auftrag von Erzbischof Johann Ernst Thun nach Plänen des Barockbaumeisters Johann Bernhard Fischer von Erlach aus dem Felsen des Mönchsbergs gehauen. (Zuvor wurde an dieser Stelle Konglomerat für den Dombau abgetragen.) In dieser Sommerreitschule gab es Reitvorführungen, das Publikum fand in den 96 Arkaden Platz, die dreigeschoßig übereinander angelegt waren. Max Reinhardt unternahm 1926 erstmals den Versuch, hier Stücke der Salzburger Festspiele aufzuführen. In den Jahren 1969/70 erfolgte eine wesentliche Umgestaltung, nach den Plänen Clemens Holzmeisters. Heute fasst die Felsenreitschule 1437 Zuschauer.

Das 6 **Große Festspielhaus** (Hofstallgasse 1, Tel. 0662/804 50, www.salburgerfestspiele.at) wurde ebenso nach Holzmeisters Plänen erbaut. Die Arbeiten begannen im Jahre 1956 mit dem Abtragen von rund 55.000 Kubik-

Felsenreitschule: imposante Bühne – aus dem Felsen des Mönchsbergs gehauen

Das Große Festspielhaus: Platz für 2300 Kulturliebhaber, Reiche und Schöne

metern Konglomerat der Mönchsbergwand, um für das gewaltige Bühnenhaus Platz zu schaffen. Die Bühne hat ein Ausmaß von über hundert Metern (inklusive der Seitenbühnen) und ist eine der größten der Welt. Das Große Festspielhaus bietet 2300 Zuschauern Platz. Es wurde am 26. Juli 1960 mit Richard Strauss' „Rosenkavalier" unter der Leitung von Herbert von Karajan eröffnet.

Diese drei Spielstätten sind die Kernbühnen der Salzburger Festspiele, darüber hinaus gibt es aber eine Reihe anderer Bühnen, die während der Festspielzeit bespielt werden, etwa das Salzburger Landestheater, das Mozarteum, die Kollegienkirche, die Stiftskirche St. Peter, das republic, die Perner Insel Hallein u. v. m.

Auch vor dem Festspielhaus findet Kunst statt: Im gegenübergelegenen Furtwänglerpark – hier befand sich einst ein botanischer Garten – befindet sich das Werk 7 **„A.E.I.O.U."** von Anselm Kiefer. Es handelt sich um einen begehbaren Kubus, der in seinem Inneren ein großformatiges Bild, ein Regal mit Bleibüchern und eine Wandaufschrift birgt. Anselm Kiefer war der erste Künstler, der von der Salzburg Foundation für das Kunstprojekt Salzburg ausgewählt wurde (→ *Exkurs: Walk of Modern Art*). Seit 2002 wählt ein Kuratorenteam jährlich Künstler aus, die ein Werk für den öffentlichen Stadtraum konzipieren.

Kunst trifft hier, im Furtwänglerpark, auf Bildung. Denn: Der Furtwänglerpark flankiert die → **Alte Universität**, die zwischen 1618 und 1655 errichtet wurde.

Exkurs: Walk of Modern Art

Die Salzburg Foundation ist eine private Initiative, die sich für Kunst im öffentlichen Raum engagiert. Sie wurde 2001 mit dem Ziel gegründet, neue künstlerische Impulse in der Mozartstadt zu setzen: Zeitgenössische bildende Kunst auf höchstem Niveau sollte präsentiert werden.

Über einen Zeitraum von zehn Jahren wurde im Rahmen des „Kunstprojekts Salzburg" jährlich ein namhafter internationaler Künstler eingeladen, für die Stadt ein Werk zu schaffen. Das Kunstprojekt wurde zusammen mit der Bonner Stiftung für Kunst und Kultur e.V. umgesetzt.

Im Verlauf des Kunstprojekts ist ein hochkarätiger Kunst- und Skulpturenparcours entstanden – der „Walk of Modern Art". Das Interessante daran: Die Installationen sind mitunter an Orten zu finden, an denen man Kunst nicht unbedingt erwartet.

Sie können die einzelnen Stationen auf eigene Faust (und kostenlos) besichtigen. Sollten Sie aber an einem 1. Samstag im Monat in Salzburg sein, lohnt es sich, am geführten „Walk of Modern Art" teilzunehmen. In einem zweistündigen Rundgang werden alle Kunstwerke besucht und besprochen. (Treffpunkt: Kiefer-Pavillon/Furtwänglerpark, jeden 1. Samstag im Monat, 14–16 Uhr, Voranmeldung erforderlich: Tel. 0664/496 80 11, € 10,– p. P.). Auf Wunsch sind auch individuelle Führungen möglich, siehe Homepage www.salzburgfoundation.at.

A.E.I.O.U: Anselm Kiefer schuf das erste Kunstwerk für die Salzburg Foundation

Die Stationen (nach Entstehungsjahr):

2002: Anselm Kiefer: Kunst-Haus ❶ „A.E.I.O.U."; im Furtwänglerpark

2003: Mario Merz: ❷ Installation „Ziffern im Wald" auf dem Mönchsberg

2004: Marina Abramovic: ❸ „Spirit of Mozart", interaktive Installation aus Stühlen an der Staatsbrücke

2005: Markus Lüpertz: ❹ Skulptur „Hommage à Mozart" auf dem Ursulinenplatz

2006: James Turrell: ❺ „SKY-SPACE" auf dem Mönchsberg

2007: Stephan Balkenhol: ❻ „Sphaera" – Riesenkugel auf dem Kapitelplatz, darauf eine männliche Figur

2008: Anthony Cragg: ❼ Bronzeskulptur „Caldera" auf dem Makartplatz

2009: Christian Boltanski: ❽ Installation „Vanitas" in der (eigens wiederhergestellten) Krypta des Doms (Mo–Sa 8–17, So und Feiertag 13–17 Uhr, im Sommer länger)

2010: Jaume Plensa: ❾ „Awilda" im Hof Dietrichsruh der Universität Salzburg

2011: Erwin Wurm: ❿ „Gurken" (Kunstobjekt) im Furtwänglerpark

2011: Manfred Wakolbinger: ⓫ „Connection" an der alten Stadtmauer am Rudolfskai/Ecke Mozartplatz

2011: Brigitte Kowanz: ⓬ „Beyond Recall" an einem Brückenkopf der Staatsbrücke

Etappe 2: 8 bis 10 auf dem Mönchsberg

An dieser Stelle kehren wir nun um und gehen zurück zum Haus für Mozart. Hier biegen wir nach rechts ein, gehen direkt auf die Steilwand des Mönchsbergs zu. An der rechten Seite hängt eine Plakette zum Andenken an den Architekten Clemens Holzmeister. Auch die Stiege, die auf den Mönchsberg führt, ist nach ihm benannt.

Über diese Treppen steigen wir nun hinauf zum Mönchsberg, dem Salzburger Hausberg. (Die Salzburger würden diesen wohl eher als „Hügel" bezeichnen. Zu ihren „echten" Hausbergen zählen der Gaisberg im Osten und der Untersberg im Süden der Stadt.) Der Mönchsberg (540 m) ist nach den Mönchen des benachbarten Benediktinerkloster St. Peter benannt. Er setzt sich aus Salzburger Konglomerat zusammen.

Der Schriftsteller Thomas Bernhard, der in den 1940er-Jahren in Salzburg lebte, beschrieb den Berg in seinen autobiografischen Schriften als „Selbstmordberg". Ein positiveres Bild zeichnete da der Schriftsteller Peter Handke, der in den Achtzigerjahren an der Adresse Mönchsberg Nr. 17 wohnte. Er widmete sich dem Mönchsberg in seinem Werk „Nachmittag eines Schriftstellers".

Unrecht hatte Bernhard mit seinem Verweis auf die Suizide nicht: Der Mönchsberg wird immer wieder mit dem Freitod in Verbindung gebracht, da sich von ihm mehrfach Menschen hinuntergestürzt haben. (Auch im Film „Silentium", nach einem Kriminalroman von Wolf Haas, wird dies thematisiert.)

Nach wenigen Treppen, wir sind nun knapp über den Dächern der Stadt, kommen wir zu einer Weggabelung. Der Weg nach links führt zur Festung, rechts geht es zum Mönchsberg: Es erwarten uns hier das Museum der Moderne, das Restaurant M32 und die Installationen „Ziffern im Wald" des Künstlers Mario Merz und „SKY-SPACE" von James Turrell.

Wir schlagen also den Weg nach rechts ein, der mit einigen steilen Treppen beginnt. Auch die Sportlicheren

Der Mönchsberg: Grünoase mit dem besten Blick über die Stadt

sollten es nicht verabsäumen, alle paar Meter kleine Pausen einzulegen, um den wunderbaren Ausblick zu genießen. Im Sommer spenden die vielen Bäume Schatten, sodass auch an heißen Tagen der Aufstieg gut zu bewältigen ist. Oben angelangt, hat man das Gefühl, in einer anderen – viel grüneren – Welt zu sein. Einheimische treffen sich hier zum Spaziergang, Hundebesitzer führen ihre Vierbeiner aus. Der Mönchsberg, der sich über etwa 1,2 Kilometer erstreckt, ist auch Landschaftsschutzgebiet.

Auch vom Kapuzinerberg ist der Blick nicht zu verachten

Anmerkung: Wer Kräfte sparen will oder auch ein knappes Zeitbudget hat, der kann auch mit dem Aufzug auf den Mönchsberg fahren, der ist nur einen kurzen Fußweg vom Festspielhaus entfernt (Gstättengasse 13, Tel. 0662/88 84–9750, www.salzburg-ag.at, tägl. 8–19, am Mi bis 21, von Juli bis Aug. tägl. 8–21 Uhr). Die Fahrt dauert nur dreißig Sekunden.

Wir empfehlen aber den Fußweg – wegen der Natur und der tollen Ausblicke. Wem die Kehle kratzt oder der Magen knurrt, der kann sich, obwohl der Mönchsberg von Imbissbuden und Würstlständen zum Glück verschont geblieben ist, stärken, etwa im → **Naturfreundehaus „Stadtalm“** (Am Mönchsberg 19c, Tel. 0662/84 17 29, www.stadtalm.at). Die sonnige Terrasse bietet einen tollen Ausblick über die Dächer der Stadt. Übrigens: Wer eine günstige Unterkunft in Salzburg sucht, kann hier auch für unter zwanzig Euro übernachten (allerdings in Stockbetten).

Es gibt aber noch weitere Einkehrmöglichkeiten hier oben. Wir setzen unseren Weg daher fort – bis zum 8 **Museum der Moderne** (Mönchsberg 32, Tel. 0662/84 22 20-403, www.museumdermoderne.at, Di–So 10–18, Mi 10–20 Uhr, Festspielzeit: auch Mo geöffnet). Das Museum wurde 2004 eröffnet, früher befand sich an dieser Stelle das Café Winkler. Ein beliebtes Ausflugsziel der Salzburger, das einst auch das Casino beherbergte. Als das Casino in das Schloss Kleßheim, vier Kilometer westlich der Stadt, übersiedelte, suchte man einen neuen Verwendungszweck für diesen Ort auf dem Mönchsberg. 1998 wurde ein internationaler Architektenwettbewerb für das Museum der Moderne ausgeschrieben, das Münchner Architektenteam Friedrich Hoff Zwink wurde mit dem Projekt betraut.

Eine Weile dauerte es, bis sich die Salzburger an diesen kubusähnlichen Bau, der den Wasserturm aus dem 19. Jh. integriert, gewöhnten. Der zeitgenössische Baustil bietet einen passenden Rahmen für die moderne Kunst, die hier ausgestellt wird. In den vergangenen Jahren wurden Werke von internationalen Künstlern gezeigt – u.a.

Das Museum der Moderne ist heute nicht mehr aus Salzburg wegzudenken

Restaurant M32: Dinieren mit Ausblick darf auch etwas extra kosten

Ernst Haas, George Condo, Fernand Léger, Gerhard Richter, Shirin Neshat, Erwin Wurm, William Kentridge, Markus Raetz, Helmut Newton, Stephan Balkenhol, Anselm Kiefer, Max Ernst, Hiroshi Sugimoto, Jean DuBuffet.

Das zweite Gebäude, das zum Museum der Moderne gehört, ist das schon genannte Rupertinum (→ Seite 70). Insgesamt verfügen beide Gebäude des MdM über 3000 Quadratmeter Ausstellungsfläche.

Im Museumsgebäude untergebracht ist auch das → **Restaurant M32** (Mönchsberg 32, Tel. 0662/84 10 00, www.m32.at, Di–So 9–1, Festspielsaison: Mo–So 9–1 Uhr). Eine Glasfront bietet den Gästen einen traumhaften Panoramablick über die Stadt, Feinschmecker können sich über internationale Küche freuen. Wer lieber das Budget entlasten und sich trotzdem etwas gönnen möchte, dem ist zu empfehlen, im rechten Bereich auf der Terrasse Platz zu nehmen. Hier ist der Café-Bereich, der im Sommer einen großen, gerührten Eiskaffee um 6,50 Euro anbietet – Ausblick und bequemer Lehnstuhl inklusive.

Unweit vom Museum der Moderne, in einer Senke neben dem Wasserturm, begegnen wir den 9 **„Ziffern im Wald"**. Der italienische Künstler Mario Merz wurde im Jahr 2003 als Künstler von der Salzburg Foundation ausgewählt. Etwas versteckt hinter Bäumen und Büschen steht dieses igluförmige Kunstwerk, das aus zwölf gebogenen Edelstahlrohren besteht. 21 Neonzahlen hat der Künstler darauf verteilt. Sie leuchten nachts.

Das Kunstprojekt Salzburg hat eine weitere Installation auf dem Mönchsberg möglich gemacht. Um diese zu

Mario Merz versteckt „Ziffern im Wald", die nachts leuchten

besichtigen, gehen wir zurück, am Museum vorbei und noch ein Stück den Weg entlang: 10 **„SKY-SPACE"** ist eine Installation des amerikanischen Künstlers James Turrell, der den fünften Teil (2006) des Kunstprojekts realisierte. Das Kunstwerk ist ein begehbarer Kunstraum, in den man – zu Besichtigungszeiten – hineingehen kann. Nach oben hin ist der Raum geöffnet, sodass man das natürliche Spiel des Lichts wahrnehmen kann. Besonders eindrucksvoll ist „SKY-SPACE" bei Sonnenuntergang.

Auf dem Mönchsberg gibt es zahlreiche Spazierwege, die gut ausgeschildert sind. Wir folgen den Schildern hinunter zum Stadtteil Mülln – am nördlichen Ende des Mönchsbergs. (Achtung: Wer direkt vom Museum der Moderne einen Abgang, etwa Treppen in die Stadt, sucht, wird diese nicht finden! Der nächste Abgang ist in Richtung Mülln.) Auf dem Weg kommen wir an der Aussichtsstelle „Humboldtterrasse" vorbei. Kurz danach kommt rechter Hand eine Treppe, die hinunter zur Salzach und Richtung Innenstadt führt. Es empfiehlt sich aber, auf der schmalen Straße zu bleiben. Vor allem, wenn es schon 15 Uhr ist. Denn dann sperrt das

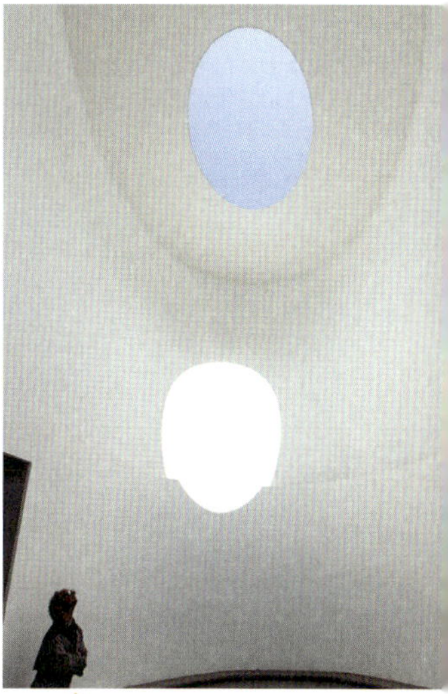

„SKY-SPACE": begehbare Kunst am Mönchsberg

Salzach-Blick von der Humboldtterrasse

→ **Augustiner Bräustübl Mülln** (Lindhofstraße 7, Tel. 0662/43 12 46, www.augustinerbier.at, Mo–Fr 15–23, Sa, So, Feiertage 14.30–23 Uhr) auf – bei den Salzburgern als „Müllner Bräu" bekannt. Das Brauhaus befindet sich im ehemaligen Augustiner Kloster und wurde 1621 eröffnet. Selbst wenn Sie keinen Hunger haben sollten, zahlt es sich aus, einmal durch den „Schmankerlgang" zu schlendern. In dieser „Buffet"-Zeile wird Hausmannskost vom Feinsten angeboten: gesalzener Radi (Rettich), Brezeln, (Käs-)Leberkäse und vieles mehr. Das Müllner Bräu ist eine der größten – wenn nicht die größte – Biergaststätten Österreichs mit einer Fläche von über 5000 Quadratmetern.

Sollen Sie früher unterwegs und die Tore des Bräustübls noch zu sein, müssen sie dennoch nicht verhungern! Direkt nebenan befindet sich der traditionsreiche → **Gasthof Krimpelstätter** (Müllner Hauptstraße 31, Tel. 0662/43 22 74, www.krimpelstaetter.at, Di–Sa 11–24, während der Festspielzeit auch So), der erstmals 1548 erwähnt wurde.

Das Klausentor: eine Herausforderung für Busfahrer

Etappe 3: 11 bis 16 Klausentor bis Pferdeschwemme

Gestärkt geht es weiter. Die Müllner Hauptstraße führt zurück in die Stadt, wer Lust hat, kann durch das Salzachgässchen hinunter zum Fluss schneiden und entlang der Salzach zur Innenstadt gehen. (Achtung: Das kleine, urige Bärengässchen ist tückisch – es führt nicht ganz hinunter zur Salzach!)

Unsere Route aber führt an der Müllner Hauptstraße entlang zum 11 **Klausentor.** Dieses Tor war einst die Sperre der Engstelle zwischen Salzach und Mönchsberg. Schon 1280 wurde eine Befestigung an dieser Stelle errichtet. Nach einem Brand im Jahr 1612 ließ Erzbischof Markus Sittikus diese erneuern, unter Erzbischof Paris Graf von Lodron wurde das Tor mit der Festungsmauer verbunden. Heute trägt der Torbau die Wappen der Stadt Salzburg und der beiden oben genannten Erzbischöfe. Der Verkehr stadteinwärts wird durch dieses Tor geleitet – selbst die O-Busse quetschen sich durch den schmalen Tunnel.

„Hommage à Mozart"

Auf der anderen Seite des Klausentors begegnen wir der 2,95 Meter hohen, farblich eingefassten Bronzefigur 12 **„Hommage à Mozart".** Auch dieses Kunstwerk ist Teil des Kunstprojekts Salzburg. Es handelt sich hierbei um die vierte Installation (2005), sie wurde vom deutschen Maler und Bildhauer Markus Lüpertz geschaffen.

Die Figur bietet einen guten Kontrast zur benachbarten 13 **Markuskirche** (Franz-Josef-Kai 21, Tel. 0662/84 25 90, tägl. 9–18 Uhr), auch Ursulinenkirche St. Markus genannt. Erzbischof Johann Ernst Graf von Thun berief 1695 die Kongregation der Ursulinen nach Salzburg, zur besseren Bildung der weiblichen Jugend. Zunächst waren die Ursulinen außerhalb der Stadt untergebracht, siedelten dann aber in Stadtnähe, zum Klausentor. 1699 wurde mit dem Bau des Ursulinenklosters und der dazugehörigen St.-Markus-Kirche

Markuskirche: ehemaliger Sitz der Ursulinen

begonnen. Baumeister Fischer von Erlach übernahm die Leitung des Baus, der 1705 fertiggestellt wurde. Das angeschlossene Ursulinenkloster entstand etwas später. Besonders ins Auge sticht der Vorbau der Kirche. Auf dem Dreiecksgiebel steht die Figur des heiligen Markus, flankiert von den Heiligen Augustinus und Ursula. Die Türme sind – aufgrund der schmalen Fläche zwischen Mönchsberg und Salzach – leicht zurückgesetzt. In den späten Fünfzigerjahren übersiedelte der Orden nach Glasenbach, heute ist St. Ursula vor allem als Privatschule für Mädchen bekannt. Die ehemaligen Räumlichkeiten des Klosters werden mitunter vom Naturkundemuseum Haus der Natur genutzt – die nächste Sehenswürdigkeit auf unserer Route. Dazu biegen wir in das nach rechts abzweigende Gässchen, die Gstättengasse, die uns zum Museumsplatz bringt. Linker Hand ist der Haupteingang des 14 **Haus der Natur** (Museumsplatz 5, Tel. 0662/84 26 53, www.hausdernatur.at, tägl. 9–17 Uhr).

Dieses Naturkundemuseum, das 1924 erstmals seine Tore öffnete, ist inzwischen ein riesiges, neu umgebautes Areal, das Kindern und Erwachsenen viele Antworten auf naturwissenschaftliche Fragen liefert. Neben dem „reinen" Museum gibt es ein Aquarium (wenn man Glück hat, gibt es vielleicht sogar Seepferdchenbabys!), Zoo-Abteilungen, ein Science-Center und diverse Physik- und Chemieshows – und das zu einem erschwinglichen Eintrittspreis (8 Euro zahlen Erwachsene). Während der Ferienzeiten gibt es ein erweitertes Programm für Kinder.

Mehr als nur Museum: Das Haus der Natur ist ein Paradies für Science-Fans

Das → **Stadtcafé** (Museumsplatz 5, Tel. 0662/ 25 45 94, www.stadtcafe-

republic: Das ehemalige Kino ist heute Bühne, Gastronomie- und Clubbinglocation

salzburg.at, tägl. 8.30–18 Uhr) hat das (Kinder-)Menü auf seinen Standort abgestimmt: Für Kinder gibt es Gerichte namens „Dino-Teller" oder „Ice-Age". Das Café (auch für Nicht-Museums-Besucher zugänglich) hat eine schöne Sonnenterrasse, von der man direkt auf ein anderes, sehr beliebtes Lokal hinunterblicken kann.

Das → **republic** (Anton-Neumayr-Platz 2, Tel. 0662/84 16 13, www.republic.at, tägl. 8–1, Fr, Sa bis 4 Uhr) ist ein beliebter, unkomplizierter Treffpunkt für die Einheimischen (und natürlich auch für Gäste). Mittags gibt es leichte, kostengünstige Gerichte – oder man wählt ein spätes Frühstück. Hier wird Frühstück bis 18 Uhr serviert, an Sonntagen gibt es Livemusik. Auch abends ist das republic gut besucht – Clubbings werden organisiert. Früher befand sich das Stadtkino an dieser Adresse. 1950 war es das erste Cinemascope-Filmtheater der Stadt. 1984 wurde das Kino geschlossen, 2002 erhielt die Location den Namen „republic". Im Inneren des Gebäudes befindet sich ein Saal für bis zu 700 Besucher, den der Betreiber, die SZENE Salzburg (eine Plattform für zeitgenössische Bühnenkunst), für ein vielseitiges Programm nützt. Die SommerSZENE (im Juli) ist ein Gegenpol zum klassischen Programm der Salzburger Festspiele. Gezeigt werden zeitgenössische Tanz- und Theateraufführungen sowie Kunstprojekte aus den Bereichen Musik und bildende Kunst. Das republic ist zudem eine Spielstätte der Salzburger Festspiele.

Afro-Café: Hier gibt es Datteln und süßen Couscous zum Frühstück

Nach dem Haus der Natur kehren wir zurück zur Gstättengasse, zum Mönchsbergaufzug. Wir gehen am Aufzug vorbei, die schmale Gstättengasse entlang, die uns zum Bürgerspitalplatz führt. Linker Hand fällt (an Sommertagen) die gemütliche Veranda des → **Afro-Cafés** (Bürgerspitalplatz 5, Tel. 0662/84 48 88, www.afrocoffee.com, Mo–Sa 9–24 Uhr, zur Festspielzeit auch am So geöffnet) auf. Hier werden exotische Köstlichkeiten in sehr buntem Ambiente serviert.

Auf der gegenüberliegenden Straßenseite steht das Bürgerspital, in dem sich heute das 15 **Spielzeugmuseum** (Bürgerspitalgasse 2, Tel. 0662/62 08 08-300, www.spielzeugmuseum.at, Di–So 9–17 Uhr) befindet. Spielsachen aus den vergangenen 300 Jahren werden hier ausgestellt. Aber keine Angst, das Museum ist nicht verstaubt! 2011 wurde das Konzept des Spielzeugmuseums völlig modernisiert, sodass es nun mehr um das Anfassen und Ausprobieren als um das bloße Ansehen geht. Es gibt Geschicklichkeits- und Balancespiele für Kinder, eine Carrera-Bahn und ein Kinderkino. Eine Holzrutsche verbindet die Stockwerke miteinander. Am Eingang ziehen die Besucher bunte

Das Spielzeugmuseum: für alle, die im Herzen Kinder sind

Die Pferdeschwemme: ein Kunstwerk von Fischer von Erlach

Patschen an. Kinder zahlen nur einen Euro, Erwachsene, die im Herzen Kinder sind, vier Euro.

Die letzte Station auf unserer Route ist der Herbert-von-Karajan-Platz mit der Pferdeschwemme (am Ende der Bürgerspitalgasse gelegen). Die 16 **Pferdeschwemme** (auch Marstallschwemme genannt) wurde 1693 von Fischer von Erlach angelegt – im Auftrag von Erzbischof Johann Ernst Graf Thun. Später, im Jahr 1732, ließ Erzbischof Firmian die Schwemme restaurieren und auch umgestalten. Die Rossebändigergruppe – die Mittelgruppe – wurde um neunzig Grad gedreht und erhielt einen neuen Sockel, das Becken von einer Balustrade eingefasst.

Hinter der Pferdeschwemme befindet sich das Sigmundstor (bei den Salzburgern als Neutor bekannt), einer der ältesten Straßentunnel Österreichs. Es verbindet die Altstadt mit dem Stadtteil Riedenburg, in dem sich auch das Haubenrestaurant Riedenburg befindet (→ Route 6).

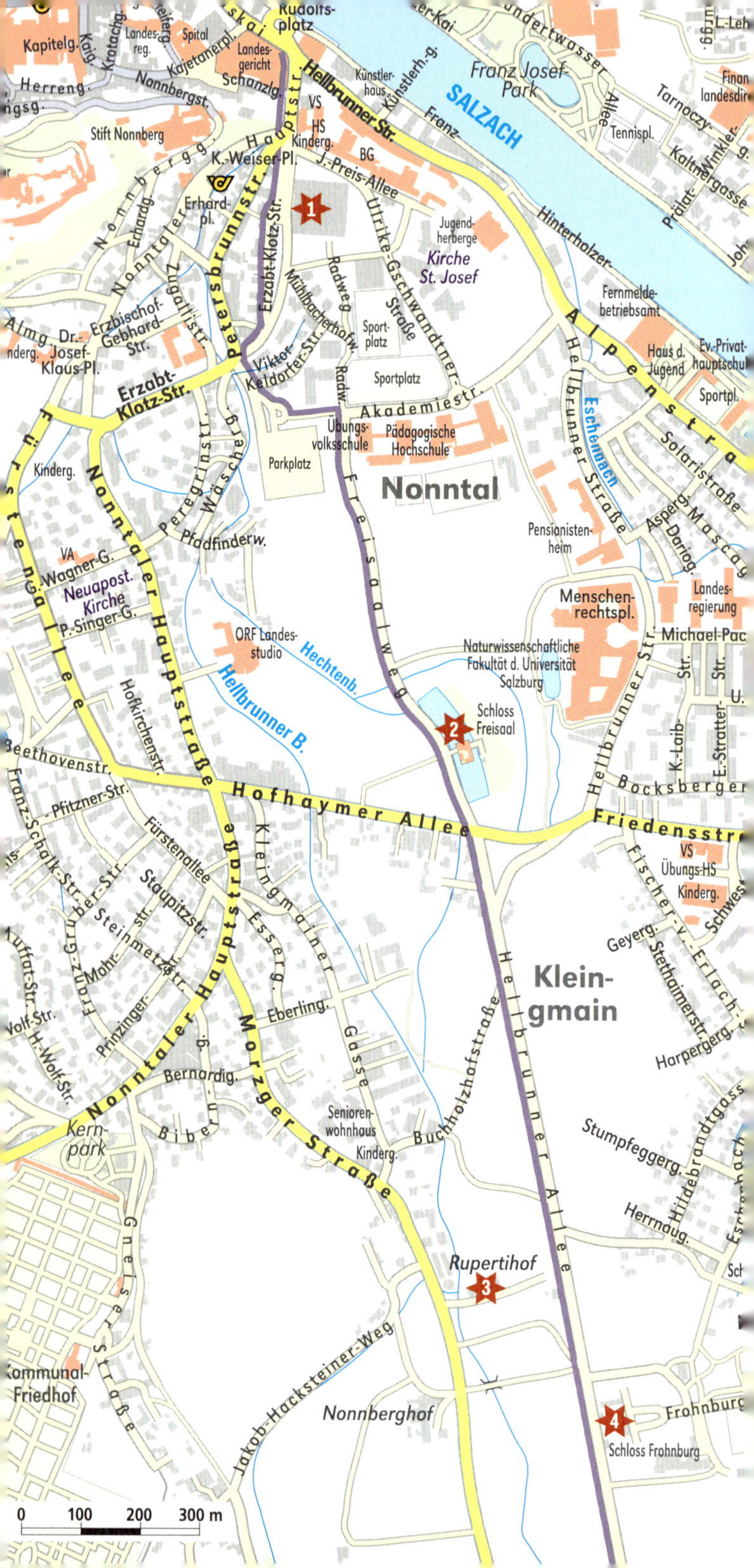
Rudolfsplatz
Kapitelg.
Landesreg.
Spital
Kajetanerpl.
Landesgericht
Schanzlg.
Herreng.
Nonnbergst.
Stift Nonnberg
Künstlerhaus
Künstlerh.-g.
Franz Josef Park
SALZACH
Tennispl.
Tarnoczy-
Kaltnergasse
Winkler-
Prälat-
Franz-Josef-Kai
Hellbrunner Str.
VS
HS
Kinderg.
BG
J.-Preis-Allee
K.-Weiser-Pl.
Erhard-pl.
Nonnbergg.
Erhardg.
Nonntaler
Zugallistr.
Petersbrunnstr.
Erzabt-Klotz-Str.
Mühlbacherhofw.
Radweg
Ulrike-Gschwandtner-Straße
Sportplatz
Jugendherberge
Kirche St. Josef
Hinterholzer-Kai
Fernmeldebetriebsamt
Alpenstraße
Haus d. Jugend
Ev.-Privathauptschule
Sportpl.
Erzbischof-Gebhard-Str.
Dr.-Josef-Klaus-Pl.
Almg
Viktor-Keldorfer-Str.
Radw.
Akademiestr.
Übungsvolksschule
Pädagogische Hochschule
Parkplatz
Nonntal
Hellbrunner Straße
Eschenbach
Solaristraße
Asperg.
Dariog.
Mascag.
Fürstenallee
Kinderg.
Nonntaler Hauptstraße
Peregrinstr.
Wäscherg.
Pfadfinderw.
Pensionistenheim
VA
Wagner-G.
Neuapost. Kirche
P.-Singer-G.
ORF Landesstudio
Hechtenb.
Hellbrunner B.
Freisaalweg
Menschenrechtspl.
Landesregierung
Naturwissenschaftliche Fakultät d. Universität Salzburg
Schloss Freisaal
Michael-Pacher-Str.
Hofkirchenstr.
K.-Laib-Str.
E.-Stratter-Str.
Beethovenstr.
Franz-Schalk-Str.
Pfitzner-Str.
Hofhaymer Allee
Friedensstr.
Bocksberger
VS
Übungs-HS
Kinderg.
Staupitzstr.
Gruber-Str.
Steinmetzstr.
Mohr-str.
Franz-
Kleingmainer Gasse
Esserg.
Fischer-v.-Erlach-Str.
Geyerg.
Stethaimerstr.
Klein-gmain
Harperg.
Prinzinger-str.
Wolf-Str.
H.-Wolf-Str.
Eberlingg.
Bernardig.
Bibern-g.
Morzger Straße
Buchholzhofstraße
Hellbrunner Allee
Seniorenwohnhaus
Kinderg.
Stumpfeggerg.
Hildebrandtgasse
Kernpark
Herrnaug.
Gneisstraße
Rupertihof
Jakob-Hacksteiner-Weg
Nonnberghof
Kommunalfriedhof
Frohnburg
Schloss Frohnburg
1
2
3
4
0
100
200
300 m

4 Hellbrunner Allee

Ausgangspunkt: Justizgebäude (Linien 3, 5, 6, 7, 10)
Endpunkt: Schloss Hellbrunn (Linie 25)
Dauer: 1,5 Stunden Fußweg + Attraktionen vor Ort

Die Route: Justizgebäude – Petersbrunnstraße – Erzabt-Klotz-Straße (1 Unipark Nonntal) – Akademiestraße – Freisaalweg (2 Schloss Freisaal) – Hellbrunner Allee (3 Gwandhaus, 4 Schloss Frohnburg, 5 Schloss Emsburg, 6 Schloss Emslieb) – Fürstenweg (7 Lustschloss Hellbrunn, 8 Wasserspiele, 9 Steintheater, 10 Monatsschlössl) – 11 Zoo Salzburg – Bushaltestelle Linie 25.

★ UNBEDINGT HINGEHEN
- → Unipark
- → Schloss Freisaal
- → Gwandhaus
- → Schloss Hellbrunn
- → Wasserspiele

Diese Route startet im Salzburger Stadtviertel Nonntal, sie führt stadtauswärts, vorbei am modernen Unipark, durch Freisaal bis zur Hellbrunner Allee, die zum Schloss Hellbrunn führt. Hellbrunn ist mehr als nur ein Schloss: Die Wasserspiele, eine große Parkanlage und der Salzburg Zoo sind ein tagesfüllendes Programm. Zurück in die Stadt kommt man per Bus. Hinweis: Wer nicht zu Fuß gehen möchte, kann mit dem Bus oder auch mit dem Boot „Amadeus“ (Anlegestelle: Makartsteg) nach Hellbrunn fahren.

Etappe 1: 1 bis 2 von der Altstadt bis Schloss Freisaal
Wir beginnen diese Route im Süden der Altstadt bei der Bushaltestelle „Justizgebäude“, die unweit vom Salzburger Landesgericht gelegen ist. Wir überqueren die Hellbrunner Straße, um zur Petersbrunnstraße zu gelangen. Diese gehen wir entlang, bis wir zu einem Bauwerk moderner Architektur kommen: dem 1 **Unipark Nonntal** (Erzabt-Klotz-Straße 1, Tel. 0662/80 44-4920, www.uni-salzburg.at), der neue Räumlichkeiten für die Fachbereiche Anglistik, Erziehungswissenschaft und Kultursoziologie, Germanistik, Linguistik, Romanistik, Slawistik sowie Kunst-, Musik- und Tanzwissenschaft der Uni Salzburg

Unipark Nonntal

bietet. Rund 5500 Studenten und 300 Lehrende forschen und lernen hier. Das Projekt wurde von den Architekten Storch, Ehlers & Partner aus Hannover geplant: ein zweistöckiger Bau, der auf Sockeln errichtet wurde. Im Zentrum befinden sich die Bibliothek und das Audimax. Auch gibt es im neuen Unipark eine Tiefgarage, die die Parksituation in diesem Viertel verbessert. Das Gebäude hat rund 17.000 Quadratmeter Nutzfläche. Die Studenten in Salzburg erleben hier neuen Luxus – nicht nur wegen der Räumlichkeiten. Das Unigelände liegt direkt neben dem Naturraum Freisaal, durch den uns diese Route führt.

Wir gehen nun die Erzabt-Klotz-Straße entlang, bis diese wieder auf die Petersbrunnstraße trifft. Hier biegen wir nach links in die Akademiestraße ein, nach einigen Metern entdecken wir rechter Hand einen Fuß- und Fahrradweg, der querfeldein führt. Nach einigen Minuten fällt uns linker Hand ein großes, flaches Gebäude auf: die → **Naturwissenschaftliche Fakultät der Universität Salzburg** (Hellbrunner Straße 34, Tel. 0662/80 44-5000, www.uni-salzburg.at). Studenten können hier eine Palette an Studienrichtungen belegen – von der angewandten Geoinformatik bis zur Zoologie. Eine Mensa und ein kleines Café bieten kleine Gerichte an. Wer Interesse hat, kann vom Spazierpfad nach links abbiegen und zur Universität hinübergehen – sie ist öffentlich zugänglich und auch in den Ferien geöffnet.

Schloss Freisaal

Bleiben wir aber auf dem Spazierpfad, dem Freisaalweg, sehen wir kurz darauf ein an einem Teich gelegenes Schloss: Das 2 **Schloss Freisaal,** eine „Wasserburg“, wur-

Hellbrunner Allee

de in der zweiten Hälfte des 14. Jh.s errichtet. Der Name leitet sich von Freudensaal ab, es wurde als Lustschloss von Fürsterzbischof Pilgrim II. von Puchheim genützt. Ende des 15. Jh.s wurde das Schloss zum Ort, an dem die neu gewählten Erzbischöfe ihr Gelöbnis ablegten. Sie sprachen ihre Treueschwüre und ritten in einer feierlichen Prozession in die Stadt. Anfang des 20. Jh.s wurde Schloss Freisaal renoviert und erhielt zunehmend Villen- statt Schlosscharakter. Das Gebäude ist nicht öffentlich zugänglich.

Etappe 2: 3 bis 6 entlang der Hellbrunner Allee

Nach etwa 150 Metern erreichen wir eine befahrene Straße, die Hofhaymer-Allee. Diese überqueren wir, um zur Hellbrunner Allee zu gelangen die den Stadtteil Nonntal mit dem Schloss Hellbrunn verbindet. Die Allee wie auch das Schloss Hellbrunn gehen auf Fürsterzbischof Markus Sittikus von Hohenems zurück. Er wurde 1612 in sein Amt gewählt und entwickelte während seiner nur siebenjährigen Regierungszeit eine rege Bautätigkeit. Die Allee (entstanden zwischen 1613 und 1615) sollte nicht nur zum Schloss führen, sondern auch optisch zum Palast und dessen Gärten, die im Stil der Spätrenaissance angelegt sind, passen. Die Allee war die Visitenkarte des Schlosses. Einst wurde sie mit vierspännigen Kutschen befahren, heute ist sie offen für Fußgänger und Fahrradfahrer. Rechts und links der von Eichen (manche sind 250 Jahre alt) gesäumten Allee erstrecken sich Grünflächen,

Gwandhaus

westlich fließt der Hellbrunner Bach. Entlang der Allee reihen sich einige private Herrensitze.

Öffentlich zugänglich ist das 3 **Gwandhaus** (Morzger Straße 31, Tel. 0662/469 66, www.gwandhaus.at, tägl. 10–20 Uhr), das wir nach etwa zehn bis 15 Minuten erreichen. Hier kann man nicht nur Trachtenmode von der Firma Gössl kaufen, sondern auch dabei zusehen, wie ein Dirndl entsteht. Außerdem ist es schön, auf der sonnigen Terrasse in stilvollem Ambiente zu speisen. Mittags gibt es hier kleine Menüs, mitunter auch Fischgerichte. Die Fische werden direkt im Hellbrunner Bach gehalten. Wir empfehlen allerdings in der → **Greißlerei de Merin** (Tel. 0664/71 25 86 25, tägl. 10–20 Uhr) einzukehren. Diese befindet sich auf dem Gelände des Gwandhauses in einer Art Pförtnerhäuschen, direkt am Ein-/Ausgang zur Morzger Straße. In einer Vitrine werden Schinken, Speck und Käse – nicht nur aus der Salzburger Region, sondern auch aus der Südsteiermark – angeboten. Während der Frühlings- und Sommermonate kann man hier den Garten des Gwandhaus und das außergewöhnliche Bergpanorama der Stadt genießen.

Ein Tipp: Sollte die Zeit knapp oder der Magen voll sein, oder es drücken die Schuhe, gibt es die Möglichkeit, vom Gwandhaus zum Schloss Hellbrunn zu fahren. Die Buslinie 25 fährt von der Haltestelle „Kleingmain" zu unserem nächsten Ziel.

Greißlerei de Merin

Wir bleiben aber auf dem Fußweg, biegen nach dem Pfad, der uns vom Gwandhaus zur Hellbrunner Allee führt, nach rechts ein. Linker Hand taucht bald ein kleines Schloss auf: das 4 **Schloss Frohnburg** (Hellbrunner

Allee 53, Tel. 0662/620 82 60), das auf das 17. Jh. zurückgeht. Wer hier ein Museum erwartet oder Prunkräume, der irrt: Im Schloss befindet sich ein Wohnheim für Studenten der Universität Mozarteum Salzburg.

Schloss Frohnburg

Je weiter man die Hellbrunner Allee stadtauswärts geht, desto stärker hat man das Gefühl, „am Land“ und ganz abgeschieden zu sein. Der Schein trügt, denn nur einige hundert Meter entfernt, parallel zu Hellbrunner Allee, verläuft die Alpenstraße, heute die zentrale Verbindung zwischen der Innenstadt und Salzburg Süd. (Hier befindet sich übrigens auch die Park-and-Ride-Anlage Alpensiedlung Süd, sollten Sie von der südlichen Region Salzburgs anreisen.)

Schloss Emsburg: seit Kurzem in Privatbesitz

Etwa 600 Meter nach dem Schloss Frohnburg treffen wir rechter Hand auf das 5 **Schloss Emsburg** (Hellbrunner Allee 52). Das Schloss wurde 1618 von Johann Sigmund von Mabon erbaut und kurz darauf zum Adelssitz erhoben. 1701 stiftete Fürsterzbischof Johann Ernst Thun den Besitz an den von ihm gegründeten Ruperti-Ritterorden. Nach der Auflösung des Ordens ging das Schloss 1816 an das Stift St. Peter, ab Mitte des 20. Jh.s war hier das Stammhaus der Halleiner Schulschwestern. Seit 2013 ist das Schloss Privateigentum.

Etwa 15 Minuten später haben wir fast unser Ziel erreicht. Links sehen wir nun das 6 **Schloss Emslieb** (Hellbrunner Allee 65), ein barockes Schlösschen, dass sich Jakob Hannibal Graf von Hohenems, ein Neffe von Erzbischof Markus Sittikus, errichten ließ.

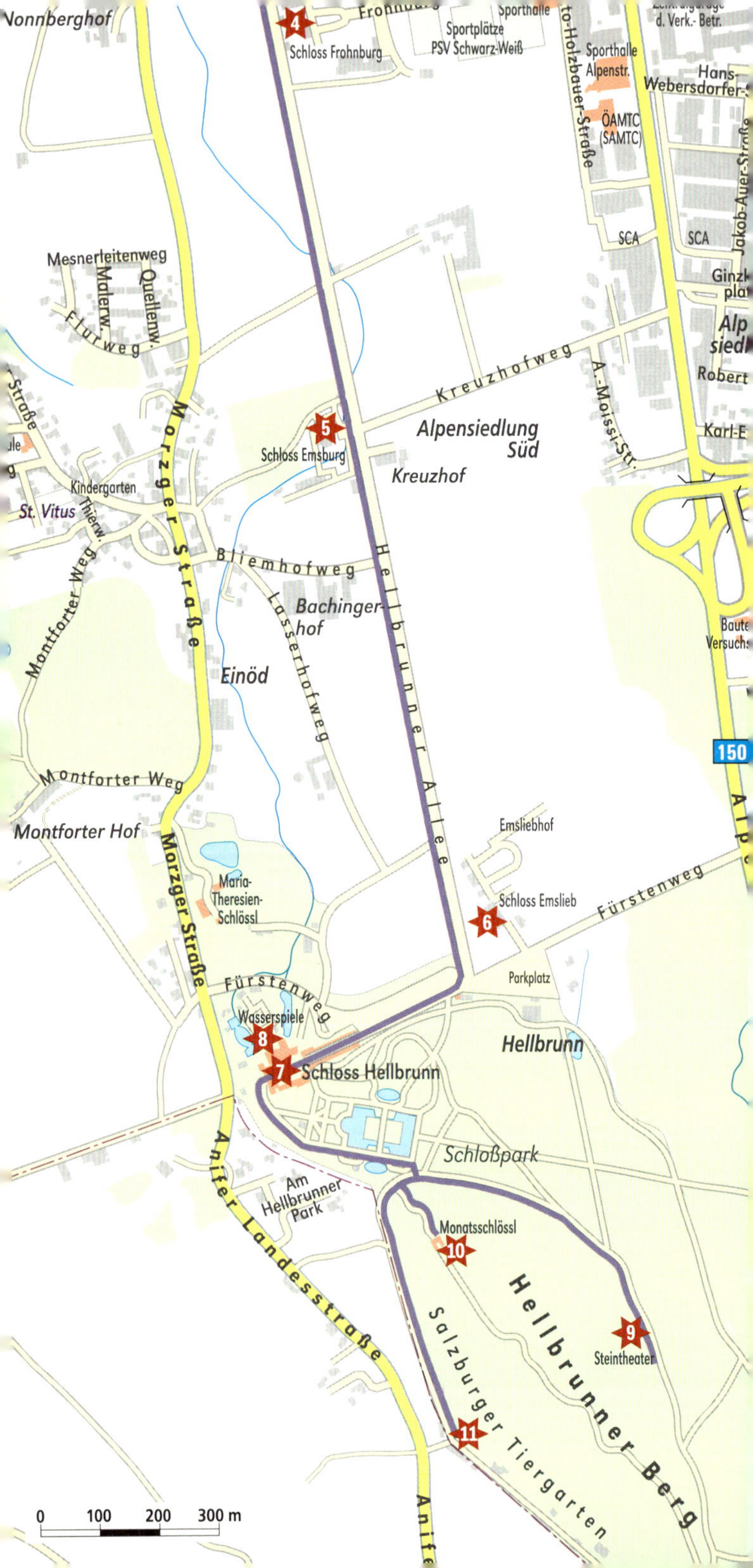

Nonnberghof
Schloss Frohnburg
Sporthalle
Sportplätze
PSV Schwarz-Weiß
d. Verk.- Betr.
Sporthalle
Alpenstr.
Hans-
Webersdorfer-
ÖAMTC
(SAMTC)
SCA
SCA
Jakob-Auer-Straße
Mesnerleitenweg
Malerw.
Quellenw.
Flurweg
Kreuzhofweg
A.-Moissi-Str.
Robert
Karl-E
Straße
Morzger Straße
Schloss Emsburg
Alpensiedlung Süd
Kreuzhof
Kindergarten
St. Vitus
Thierw.
Bliemhofweg
Bachinger-
hof
Hellbrunner Allee
Montforter Weg
Lasserhofweg
Einöd
150
Montforter Weg
Montforter Hof
Emsliebhof
Schloss Emslieb
Fürstenweg
Maria-
Theresien-
Schlössl
Morzger Straße
Fürstenweg
Parkplatz
Wasserspiele
Hellbrunn
Schloss Hellbrunn
Schloßpark
Anifer Landesstraße
Am
Hellbrunner
Park
Monatsschlössl
Hellbrunner Berg
Salzburger Tiergarten
Steintheater
0
100
200
300 m

Etappe 3: 7 bis 8 Lustschloss Hellbrunn

Schloss Emslieb

Am Ende der Allee beschleicht einen das Gefühl, nie zum Schloss zu kommen oder vielleicht falsch gegangen zu sein: Die Allee endet abrupt beim Fürstenweg. Hier ist lediglich der Parkplatz des Schlosses. Um zum Haupteingang zu gelangen, gehen wir nach rechts, folgen den Schildern zum Schloss und zu den Wasserspielen. Der Eingang zu den Wasserspielen befindet sich kurz vor dem Schloss. Wir raten aber, sich zuerst einen Überblick über das Schloss und die zahlreichen, symmetrisch angeordneten, Nebenräume zu verschaffen. Dazu gehen wir hinein in den geschlossenen Ehrenhof, um das Ambiente auf uns wirken zu lassen. Hier gibt es auch eine Gastronomie. Im Advent findet auf dem Vorplatz einer der beliebtesten Christkindlmärkte Salzburgs statt. Schon im November werden hier hunderte Nadelbäume zu einem Märchenwald zusammengestellt, die mit Ketten und Kugeln geschmückt werden. Inmitten der Bäume wird an den Ständen Glühwein, Punsch und Tee ausgeschenkt.

Das 7 **Lustschloss Hellbrunn** (Fürstenweg 37, Tel. 0662/82 03 72, www.hellbrunn.at) wurde im Auftrag von Fürsterzbischof Markus Sittikus zwischen 1613 und 1619

Lustschloss Hellbrunn – nach italienischem Vorbild erbaut

errichtet. Er wünschte sich eine „villa suburbana“ nach italienischem Vorbild, um hin und wieder den Amtsgeschäften in der Stadt zu entfliehen. Allerdings starb der Fürsterzbischof vor der Fertigstellung des Schlosses, das heute zu den prächtigsten Renaissancebauten nördlich der Alpen zählt. In den folgenden Jahrhunderten wechselten die Besitzverhältnisse mehrmals. 1816 wurde Salzburg und damit auch das Schloss vom Habsburgerreich absorbiert. Seit 1922 ist das Schloss Hellbrunn im Besitz der Stadtgemeinde Salzburg. Heute sind Teile des Schlosses – mit Audioguide – zu besichtigen, allerdings erwarten uns hier keine Originalmöbel. Beeindruckend ist aber der Festsaal, der von Fresken Arsenio Mascagnis aus dem Jahr 1615 geschmückt wird. Bemerkenswert ist auch das Oktagon, ein achteckiger Raum.

Seit 2012 wird im Gewölbe neben dem Shop ein Film gezeigt, der anlässlich des 400-jährigen Markus-Sittikus-Jubiläums gedreht wurde.

In Hellbrunn kann man einen Nachmittag, sogar einen ganzen Tag verbringen. Die weitläufige Parkanlage ist über sechzig Hektar groß ist. Wie das Schloss wurde auch der Garten von Baumeister Santino Solari geschaffen. (Diesem sind wir bereits in Route 1 als Baumeister des Salzburger Doms begegnet.) Später, um 1730, wurde der Park nach Plänen des Hofgarteninspektors Franz Anton Danreiter umgestaltet. Die Götter- und Heldenstatuen im Park stammen aber noch aus dem 17. Jh. Wasser aus den Quellen des Hellbrunner Bergs ist in diesem Park ein zentrales Gestaltungselement.

Was Sie in Hellbrunn unternehmen, hängt von Zeit und Budget ab. Unbedingt sollte man einmal die 8 **Wasserspiele** besuchen, die auch als „Vergnügungspark des Barock“ bezeichnet werden. Die Wasserfontänen sollten die noblen Gäste des Erzbischofs erheitern. Zudem konnte Markus Sittikus mit dieser mechanischen hydraulischen Konstruktion auch demonstrieren, wozu seine Ingenieure fähig waren. Auf Rechnungen wird ein gewisser Frater Gioachino als Brunnmeister angeführt.

Heute werden Besucher in Gruppen durch mystische Grotten und an tückischen Spritzbrunnen vorbeigeführt. Plötzlich aus den Steinwänden oder Figuren spritzt es immer dann, wenn man es am wenigsten erwartet. In den einzelnen Grotten werden Figuren aus weltlichen (etwa Handwerksszenen wie ein Müller bei seiner Arbeit)

Wasserspiele: Die vielen Fontänen erheitern Jung und Alt

und mythologischen Szenen (etwa Perseus und Andromeda) gezeigt, die über Wasserkraft mittels Zahn- und Wasserrädern bewegt werden. In der Neptungrotte grinst das „Germaul", eine bekannte, wasserbetriebene Grimassenfigur.

Die Grotten liegen am Fürstenweg, neben dem ein schmaler Wasserkanal fließt. Das Pumpwerk befindet sich verborgen am Anfang des Wegs. Ein Highlight ist das wasserbetriebene mechanische Theater, das aus dem 18. Jh. stammt: 141 bewegliche und 52 unbewegliche Figuren sind in diesem Palastturm zu sehen. Um die Geräusche der Mechanik zu überspielen, wurde ein Orgelwerk eingebaut. Drei Musikwerke befinden sich auf der Orgelwalze, allerdings nicht die Ursprungsbestiftung, sondern eine aus dem Jahr 1850. Die Orgel aus dem Jahr 1750 wurde 2011 um 100.000 Euro aufwendig restauriert. Täglich wird sie siebzig- bis hundertmal gespielt. Seit der Restaurierung spielt die Orgel nun auch Mozarts „Reich mir die Hand mein Leben" aus „Don Giovanni".

Etappe 4: 9 bis 11 auf dem Hellbrunner Berg

Nach der Führung durch die Wasserspiele bleibt Zeit, durch die Gartenanlage zu spazieren, die öffentlich zugänglich ist. Der Schlossgarten besteht aus einem geometrisch gestalteten Hauptweiher mit einer zentralen Insel. Auf beiden Seiten dieses Weihers sind symmetrisch zwei weitere Wasserbecken gestaltet. Verschiedene Statuen und beschnittene Hecken ergänzen den geometri-

Steintheater: eine der ältesten Freilichtbühnen Europas

schen Lustgarten. Der künstlich angelegte Garten geht fließend in den Jagdgarten über, der an den Hellbrunner Berg grenzt. Hier wurden Hinweise für einen keltischen Fürstensitz gefunden. Heute steht im Berg das 9 **Steintheater.** Markus Sittikus ließ den Natursteinbruch zu einer Bühne umgestalten, heute eine der ältesten Freilichtbühnen Europas. Hier wurde 1616 „L'Orfeo" von Claudio Monteverdi als erste Oper nördlich der Alpen aufgeführt.

Ebenfalls auf dem Hellbrunner Berg befindet sich im 10 **Monatsschlössl** (Tel. 0662/62 08 08-500, www.salzburgmuseum.at, von April bis Oktober tägl. 10–17.30 Uhr) – der Name bezieht sich darauf, dass es der Legende nach in einem einzigen Monat für Erzbischof Markus Sittikus errichtet wurde – das Volkskundemuseum des Salzburg Museums. Wohnkultur und typische Trachten werden hier ausgestellt. Im ersten Stock gibt es eine jährlich wechselnde Ausstellung.

Monatsschlössel

Um den Exkurs zum Steintheater und zum Monatsschlössl zu machen, gehen wir rechter Hand am Hauptweiher vorbei, halten uns rechts und folgen der Beschilderung Richtung Zoo/Monatsschlössl/Steintheater. Links, kurz vor dem Eingang zum Zoo, zweigt der Weg auf den Hügel ab.

Wir empfehlen auch einen Exkurs in den 11 **Zoo Salzburg** zu machen. Insgesamt leben hier 1200 Wildtiere. Die 140 Arten sind „geografisch“ angeordnet – es gibt etwa Eurasien-, Südamerika- und Afrikagehege. Das Schöne am Salzburger Zoo ist die Weite (er ist 14 Hektar groß). Die großzügigen Gehege dehnen sich bis auf den Hellbrunner Berg aus. Bereits 1424 hat es hier einen erzbischöflichen Wildpark gegeben, der in der Folge in die Anlage des Schlosses Hellbrunn integriert wurde. Seit 1960 gibt es den bestehenden Zoo in Salzburg. In den Siebzigerjahren wäre er beinahe geschlossen worden, bis Stadt und Land Salzburg die Trägerschaft übernahmen.

Von unserer Route aus können wir durch den Seiteneingang in den Zoo gelangen. Wer den Zoo beim Hauptausgang verlässt, kann direkt mit dem Bus der Linie 25 zurück in die Stadt fahren.

Zoo Salzburg: 1200 Wildtiere leben im Tiergarten

Wer den Zoo nicht besucht, verlässt den Park über den Ausgang beim Schloss (dort, wo wir auch hereingekommen sind). Am Fürstenweg biegen wir nach links ab und gehen nur ein paar wenige Meter bis zur Morzger Straße. Rechter Hand fährt der Bus der Linie 25 in die Innenstadt.

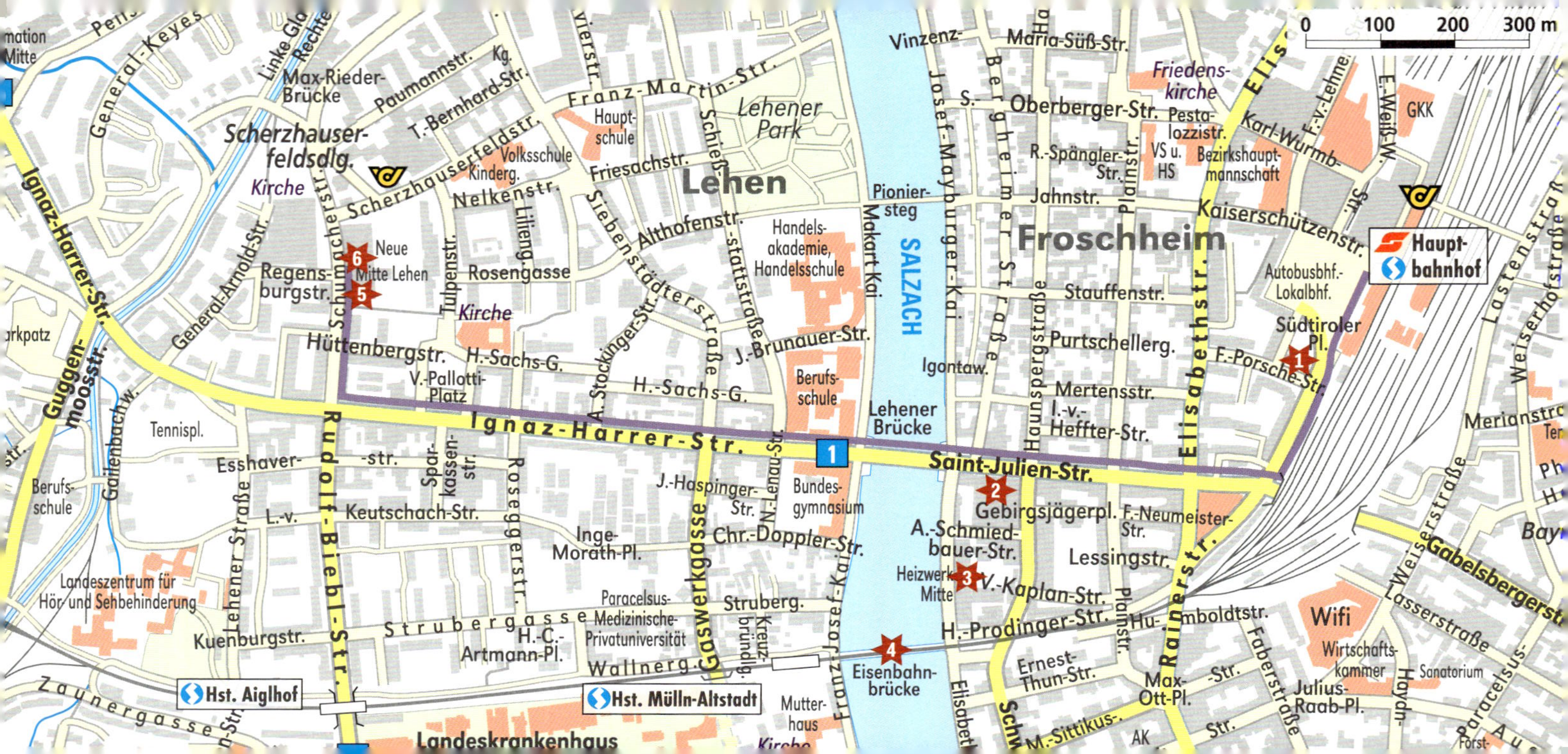
0 100 200 300 m
Hauptbahnhof
Froschheim
Lehen
SALZACH
Lehener Park
Scherzhauserfeldsdlg.
Ignaz-Harrer-Str.
Saint-Julien-Str.
Rudolf-Biebl-Str.
Elisabethstr.
Rainerstr.
Gabelsbergerstr.
Kaiserschützenstr.
Bergheimer Straße
Josef-Mayburger-Kai
Makart Kai
Franz-Josef-Kai
Lehener Brücke
Eisenbahnbrücke
Pioniersteg
Max-Rieder-Brücke
Franz-Martin-Str.
Siebenstädterstraße
Schießstattstraße
Gaswerkgasse
Strubergasse
Rosenggerstr.
Schumacherstr.
Hüttenbergstr.
Scherzhauserfeldstr.
General-Arnold-Str.
General-Keyes
Guggenmoosstr.
Lehener Straße
Zaunergasse
Haunspergstraße
Plainstr.
Lasserstraße
Faberstraße
Weiserhofstraße
Lastenstraße
Südtiroler Pl.
F.-Porsche-Str.
Autobusbhf.-Lokalbhf.
Handelsakademie, Handelsschule
Berufsschule
Bundesgymnasium
Paracelsus-Medizinische-Privatuniversität
Landeskrankenhaus
Landeszentrum für Hör- und Sehbehinderung
Hst. Aiglhof
Hst. Mülln-Altstadt
Wifi
Wirtschaftskammer
Sanatorium
Friedenskirche
Bezirkshauptmannschaft
Hauptschule
Volksschule
Kinderg.
Kirche
Neue Mitte Lehen
Heizwerk Mitte
Mutterhaus
Tennispl.
GKK
Gebirgsjägerpl.
Inge-Morath-Pl.
H.-C.-Artmann-Pl.
V.-Pallotti-Platz
Max-Ott-Pl.
Julius-Raab-Pl.
1
2
3
4
5
6

5 Moderne Architektur: von Froschheim bis zum Fliegerpark

Ausgangspunkt: Hauptbahnhof (Bushaltestelle, Linien 1, 2, 3, 5, 6)
Endpunkt: Ferdinand-Hanusch-Platz (Bushaltestelle, Linien 1, 4, 7, 8, 10)
Dauer: Halbtagestour

★ UNBEDINGT HINGEHEN

→ Hotel Europa
→ Heizkraftwerk Mitte
→ Neue Mitte Lehen
→ Red Bull Arena
→ Hangar-7

Die Route: Elisabeth-Vorstadt– Rainerstraße (1 Hotel Europa) – St.-Julien-Straße (2 Volksbank Salzburg) – Lehener Brücke (3 Heizkraftwerk Mitte, 4 Eisenbahnbrücke) – Bushaltestelle Gaswerkgasse – Neue Mitte Lehen (5 Projekt Neue Mitte Lehen, 6 Stadtbibliothek) – Bushaltestelle Esshaverstraße – Aiglhof S-Bahn (S3) – Salzburg Taxham Europark (7 Red Bull Arena, 8 Europark) – Hans-Schmid-Platz – Karolingerstraße (9 Hangar-7) – Ferdinand-Hanusch-Platz

Ausgangspunkt dieser Route ist der Hauptbahnhof Salzburg. Da die Beispiele moderner Architektur in Salzburg nicht unbedingt in Gehweite zueinander liegen, lässt sich diese Route am besten mit einer Obus-Tageskarte der Salzburg AG bewältigen. Die einzelnen Stationen dieser Tour können alle auch einzeln und direkt mit Bussen aus der Stadt (Haltestelle: Ferdinand-Hanusch-Platz/Zentrum) erreicht werden. Sie müssen daher nicht zwingend hintereinander und in der angegebenen Reihenfolge besichtigt werden. In diesem Kapitel sind die Stationen allerdings so angeführt, dass Sie an einem einzigen Tag eine zusammenhängende Tour zu den Highlights moderner Architektur absolvieren können. Tipp: Am preisgünstigsten ist es, sich einen Fünferblock Tageskarten zu kaufen. Eine 24-Stunden-Karte kostet dann unter vier Euro.

Etappe 1: 1 bis 4
zwischen Hauptbahnhof und Salzach

Wir beginnen am Salzburger Hauptbahnhof, also in Froschheim. Zugegeben, diesen Namen werden Sie auf dem Stadtplan nicht finden. Heute heißt die Gegend rund um den Bahnhof „Elisabeth-Vorstadt". Der heutige Name geht auf den Bahnbauunternehmer Baron Schwarz zurück. Er schloss in den 1860er-Jahren Salzburg ans internationale Bahnnetz an und benannte die Bahn nach Kaiserin Elisabeth (= Kaiserin-Elisabeth-Bahn). In der Folge wurde die Gegend zwischen Bahnhof und Salzach erschlossen, hier – in dem sumpfigen Gebiet – entstand eine grüne Gartenstadt. Um die Attraktivität zu steigern, wurde das einst als „Froschheim" bekannte Viertel umbenannt. Wenig erinnert heute an das einstige sumpfige Grünland, an Kaiserin Sissi aber gibt es sehr wohl ein Andenken: Wer genau hinsieht, wird schräg vor dem Salzburger Hauptbahnhof die schlichte Statue der ehemaligen Kaiserin erblicken.

Wenn man am – neu renovierten – Salzburger Hauptbahnhof ankommt, zieht zunächst aber der dicht bebaute Bahnhofsvorplatz die Aufmerksamkeit auf sich. In den vergangenen Jahren hat sich hier einiges getan: Das Einkaufszentrum → **Forum 1** (Europastraße 3, Tel. 0662/44 71, www.forum1.at, Mo–Fr 9–19, Sa 9–18 Uhr) lockt Shoppingfreudige, es gibt ein riesiges Kino-Center, das → **Cineplexx** (Fanny-van-Lehnert-Straße 4, Tel. 0662/46 01 01, www.cineplexx.at), einen Busbahnhof sowie zahlreiche gastronomische Betriebe. Gegenüber vom Forum 1, hinter den Bushaltestellen, fällt das **1 Hotel Europa** (Rainerstraße 31, Tel. 0662/88 99 30, www.austria-trend.at) aus den Fünfzigerjahren ins Auge. Das Gebäude war das erste Hochhaus in der Elisabeth-Vorstadt und gilt als Zeichen für den Nachkriegsaufschwung in Salzburg: Es sollte das im Krieg beschädigte und später demolierte Hôtel de l'Europe ersetzen. Der Architekt Josef Bevcar (1907–1984) nahm sich

Hauptbahnhof Salzburg: frisch renoviert

dieser Aufgabe an und richtete sich dabei an den Wünschen seines Auftraggebers Georg Jung aus. (Dieser war schon Eigentümer des Vorgängerhauses gewesen.) Man versuchte das Hotel von den damals umliegenden Wohn- und Geschäftsbauten deutlich abzugrenzen. Das Ergebnis: Ein 15-geschoßiges Gebäude (1956/1957 errichtet), mit einer ausgewogenen Bauform und einer horizontalen Fensteranordnung und vertikalen Streben. Die Innenarchitektur stammt von dem Architekten und Bildhauer Otto Erich Krasnitzky (1914–1978).

Hotel Europa

In den Folgejahren passte sich die Umgebung in der Elisabeth-Vorstadt an: „Zweckbauten" wurden in den Fünfzigern und Sechzigern in der Nachbarschaft gebaut, das Bild des Viertels wendete sich nicht unbedingt zum Positiven. Mit der Zeit kam das Hotel in die Jahre, der Geschmack der Bevölkerung änderte sich. Das Gebäude wurde mit den massiven Zyla-Türmen – benannt nach einem Salzburger Politiker – am Bahnhofsvorplatz in einen Topf geworfen: Die Bewohner lehnten diese Bauten ab. In den Neunzigerjahren beschloss der Salzburger Gemeinderat sogar den Abriss des Hotels. Doch konnte die Schleifung des Gebäudes – infolge fehlender Verwertungsmöglichkeiten – verhindert werden! 1999 kam es zu einer Generalsanierung des 56 Meter hohen Hotelturms. Die Fassade wurde vereinfacht, die Fensteranordnung verändert, zudem gibt es einen Panoramalift. Auf 14 Stockwerken hat das Austria Trend Hotel Europa 102 Zimmer. Zu empfehlen ist das → **Panorama-Restaurant** (Frühstück: Mo–Fr 6.30–10.30, So/Fei 6.30–11, Mittag: tägl.12–14, Abendessen: tägl. 18–22) im 15. Stock! Auch Nicht-Hotelgäste können hier frühstücken – um 15 Euro gibt es ein reichhaltiges Buffet und einen tollen Ausblick.

Vom Hotel Europa aus biegen wir in die St.-Julien-Straße ein. Auf Nr. 12, nach dem Einkaufszentrum Kiesel, steht die Zentrale der 2 **Volksbank Salzburg** – ein Gebäude, das mit dem Architekturpreis Land Salzburg 2008 ausgezeichnet wurde. Die Volksbank Salzburg hatte im Jahr 2003 einen Wettbewerb für ihr neues Headquarter ausgeschrieben, als Sieger ging das Architektenbüro BKK-3 hervor – mit einem Entwurf, der einen großen Innenhof vorsah, der aus den skulpturalen Baukörpern gebildet wird. Die neuen Gebäudeteile wurden an den Bestandsbau des Architekten Luigi Blau aus den Achtzigerjahren und an den noch älteren Teil des Gebäudes aus den 1960er-Jahren an der Ecke zur Elisabethstraße von Architekt Josef Hawranek angeschlossen. Es lohnt sich, einen kurzen Blick in diese moderne Bank zu werfen: Der Hauptraum ist weitläufig, hat die Form einer Welle zum Straßenraum hin und ist in Creme und Rot gehalten, für die technischen Elemente wurde Aluminium verwendet. Die Außenhaut setzt sich durch einen hellen Braunton von ihrer Umgebung ab, die große Auskragung an der St.-Julien-Straße schafft einen Vorplatz, der den Gehsteig angenehm weit erscheinen lässt. Einmal Geld abheben – und sich dabei umsehen – lohnt sich!

Die St.-Julien-Straße führt von hier Richtung Salzach. (Die Lehener Brücke ist geradeaus bereits zu sehen.) An die einstige Frosch-Sumpf-Landschaft erinnert entlang dieser Straße wenig: Viel eher fungiert sie als zentrale Verkehrsachse, an der sich ein bunter Mix aus Geschäften reiht, persische und türkische Imbissbuden, Elektronikläden und Copyshops – wie man sie oft in Bahnhofsgegenden findet. Kurz vor der Lehener Brücke – auf der rechten Straßenseite – befand sich bis Herbst 2012 das → **Elmo-Kino.** Lange war es das bedeutendste Kino der Salzburger (das erste Multiplex-Kino), bevor die großen Kinozentren am Bahnhof und nahe dem Flughafen eröffneten. In den Fünfzigerjahren wurde es von Alfred Morawetz errichtet, der Name leitet sich aus den Anfangsbuchstaben des Namens seiner Gattin ab: ELse MOrawetz.

Volksbank Salzburg

Bevor wir in einen Bus steigen, überqueren wir noch die Salzach. Von der Lehener Brücke aus bie-

Heizkraftwerk Mitte: vorbildhafter Industriebau

tet sich ein guter Blick auf das 3 **Heizkraftwerk Mitte** (Alois-Schmiedbauer-Straße 2): Der anthrazitfarbene Betonblock ist 120 Meter lang und wohl das auffälligste Element an der Salzach. Es hat zwei Betriebsgebäude und einen siebzig Meter hohen Turm, der nachts blau beleuchtet wird. Das erste Heizkraftwerk der Salzburger Stadtwerke wurde an dieser Stelle 1955 gebaut. 44 Jahre lang versorgte es zahlreiche Haushalte in der Stadt mit Fernwärme, bis ein Neubau der Anlage beschlossen wurde. 1999 wurden die alten Kraftwerksanlagen abgeschaltet, wenig später begannen die Abrissarbeiten. Bis zur kompletten Fertigstellung des neuen Kraftwerks – gestaltet durch die Schweizer Architekten Bétrix & Consolascio – dauerte es vier Jahre. In dieser Zeit gab es zahlreiche Schlagzeilen: Viele sahen in dem Bau einen Schandfleck für die Altstadtkulisse. Heute gilt das Gebäude als vorbildhafter Industriebau. Derzeit werden von hier aus rund 27.000 Haushalte mit Strom versorgt. Zur Kühlung des Kraftwerks bedient man sich übrigens des Salzachwassers.

Von unserem derzeitigen Standort aus sehen wir auch sehr gut hinüber zur Salzburger 4 **Eisenbahnbrücke,** die sich zwischen Lehener Brücke und Müllner Steg befindet. Der Neubau der Eisenbahnbrücke wurde durch die Errichtung eines zusätzlichen Gleiskörpers für die neue S-Bahn-Trasse erforderlich: Entstehen sollte also eine dreigleisige Strecke, die auch noch Platz für einen Fußgänger-/Fahrradweg in der Mitte bot. Dieser Herausforderung nahm sich das Salzburger Architekturbüro

Eisenbahnbrücke

Halle 1 an, das übrigens auch den Makartsteg, den Bahnhof Gnigl der S-Bahn und auch die Neue Mitte Lehen (→ weiter unten) entworfen hat. Schwierig war der Neubau dadurch, dass auch während der Bauzeit gewährleistet sein musste, dass die Züge drüberrollen konnten. Somit wurde mit der dritten Gleisstrecke begonnen, bevor die alte Brücke abgerissen wurde und die neuen Gleise gebaut werden konnten. Wer es nicht eilig hat, kann einen kleinen Umweg zur Brücke machen und diese auch überqueren. Sie dient als direkte Verbindung zwischen der neuen S-Bahn-Haltestelle Mülln und der Schwarzstraße auf der gegenüberliegenden Flussseite. Die Brücke an dieser Stelle hat eine lange Geschichte: Die erste wurde 1859 erbaut – als Teil der 1860 eröffneten Eisenbahnlinie Salzburg–München.

Etappe 2: 5 bis 6 neues Leben in Lehen

An der Haltestelle Gaswerkgasse steigen wir in die Linie 2 und fahren zwei Stationen bis zur Haltestelle Esshaverstraße. Von hier aus ist es nur ein kurzer Fußweg zur Neuen Mitte Lehen. (Zur Orientierung: Wir gehen zurück zur Ignaz-Harrer-Straße, überqueren diese und gehen geradeaus die Schuhmacherstraße entlang.) Das Projekt 5 **Neue Mitte Lehen** ist ein dominantes Stück Architektur: ein zweiteiliger, großräumiger Gebäudekomplex. Schwer zu glauben, dass an dieser Stelle bis vor einigen Jahren noch ein Fußballstadion stand! Aufgrund der sportlichen Erfolge der Fußballmannschaft Austria Salzburg in den Neunzigerjahren brauchte man aber Alternativen zu dem nicht mehr zeitgemäßen Stadion, das hier beheimatet war. Zwar gab es zunächst Pläne für eine Aufstockung des Lehener Stadions, diese konnten aber nicht realisiert werden, da es einfach nicht genug Platz gab (wegen der umliegenden Wohnhäuser). Die Folge: die heutige Salzburger Red Bull Arena, die wir später auf dieser Route besichtigen werden.

Neue Mitte Lehen

Bei genauerem Hinsehen kann man in Neue Mitte Lehen noch die Relikte eines Stadions erkennen: Die große Rasenfläche, die Ost- und Westbau voneinander trennt, diente einst als Fußballfeld. Die beiden flankierenden Gebäudetrakte stehen dort, wo einst die Tribünen waren. Konzipiert wurde das neue Projekt von Halle 1, jenen Architekten, denen wir schon im Zusammenhang mit der Eisenbahnbrücke begegnet sind. Sie hatten sich unter 142 Bewerbern durchgesetzt. Neue Mitte Lehen hat dem Viertel Lehen eine völlig neue Identität verliehen – und lockt zahlreiche Besucher in diese Gegend. Die 6 **Stadtbibliothek** (Schumacherstraße 14, Tel. 0662/ 80 72-2450, www.stadt-salzburg.at, Mo, Do, Fr 10–18, Di, Mi 15–19, Sa 10–15), die früher zentral im Schloss Mirabell untergebracht war, ist nun hier im Westtrakt zu Hause. Zunächst mag das den einen oder anderen Salzburger vielleicht gestört haben, wer aber die Bibliothek besucht, wird die neuen, großräumigen, hellen, einladenden Räumlichkeiten zu schätzen wissen. 150.000 Bücher, CDs, DVDs und Filme stehen zum Ausleihen (für Bibliotheksmitglieder) bereit. Auch wenn wir als Nichtmitglieder nichts ausleihen können: Schmökern ist erlaubt! Im Erdgeschoß gibt es ein nettes Café,

Stadtbibliothek

eine schneckenförmige Treppe zwischen Erdgeschoß und zweitem Stock ist ein besonderer Hingucker. Auch im Westtrakt untergebracht: eine Panoramabar in 32 Meter Höhe, die für die Gastronomie zu teuer war und nun als Leselounge und Veranstaltungsort dient, sowie diverse Geschäfte (= Drogerie, Bäcker, Schreibwaren). Im Bauteil Ost sind Mietwohnungen, ein Seniorenzentrum, Veranstaltungsräume sowie ein Integrationsprojekt der Diakonie Salzburg zu finden. Ein ehemaliger Flutlichtturm des Fußballstadions dient als Entlüftung für die Tiefgarage.

Etappe 3: 7 bis 8 Fußball und Shopping

Ein kurzer Fußmarsch führt uns zurück zur Bushaltestelle. (Zwar kann man direkt vor der Stadtbücherei in die Linie 8 einsteigen, diese hat aber große Intervalle, sodass es schneller ist, zurück zur Haltestelle Esshaverstraße zu gehen.) Die Linie 4 führt zurück in die Stadt (zur Haltestelle Ferdinand-Hanusch-Platz/Zentrum). Für alle, die aber noch mehr von Salzburgs moderner Architektur sehen wollen, empfiehlt es sich, an der Station S-Bahn Aiglhof auszusteigen. Von hier aus fährt die Schnellbahn, Linie S3, direkt zum Europark und zur 7 **Red Bull Arena,** dem „neuen" Fußballstadion. In nur drei Minuten erreichen wir die Haltestelle Salzburg Taxham Europark.

Folgen wir nun der gut sichtbaren Beschilderung zum EM-Stadion. (Wir gehen vorbei am Einkaufszen-

trum Europark und biegen dann nach rechts ab.) Die Beschilderung verrät sogleich, dass dieses Stadion ein wichtiger Austragungsort im Rahmen der UEFA EURO 2008 war. Zu diesem Zeitpunkt hieß das 2001 errichtete und im März 2003 eröffnete Stadion noch EM-Stadion Wals-Siezenheim. Nach der EURO wurde das Gelände in Red Bull Arena umgetauft. Es ist die Heimat von Red Bull Salzburg – der neue Name der Salzburger Fußballmannschaft nach dem Einstieg von Red Bull.

Red Bull Arena

Um das Stadion EM-tauglich zu machen, wurde das Basisstadion aus dem Jahr 2003 von rund 18.300 Plätzen auf 30.400 aufgestockt. Das Stadion hat eine Außenabmessung von ca. 185 mal 160 Metern, darüber schwebt das Stadiondach. Die technische Innovation ermöglichte eine Anhebung des Dachs um 10,5 Meter. Der Neubauteil (Aufstockung) wurde dynamisch und kontrastierend zur Holzaußenfassade entworfen. Gespielt wird in Salzburg auf Kunstrasen. (Interessant: Wegen des Kunstrasens konnte die damalige Mannschaft Austria Salzburg im UEFA-Cup 2003/04 ihre Heimspiele nicht im eigenen Stadion austragen. Damals waren Wettbewerbsspiele auf Kunstrasen noch vom Verband untersagt!) Wenn kein Spiel stattfindet, ist das Stadion leider nur von außen zu besichtigen.

Wir gehen daher zurück zum 8 **Europark,** jenem Einkaufszentrum, das wir auf dem Weg von der Schnellbahn passiert haben. Fragt man die Salzburger nach dem Europark, so bekommt man häufig Antworten wie: „Es ist das größte Einkaufszentrum Europas!“, „Es ist das schönste Einkaufszentrum Europas“, „Es ist das modernste Einkaufszentrum Europas!“, „Es ist das umsatz-

Stolz der Salzburger: Europark-Einkaufszentrum

stärkste Einkaufszentrum des Landes!“ Die Salzburger sind stolz auf ihr Einkaufszentrum, das in zwei Etappen gebaut wurde und wahrlich ein architektonisches Highlight ist. Das Gesamtkonzept für die Anlage – samt Vorplätzen, Grünanlagen, kleinen Teichen und Dachwelle – stammt vom italienischen Architekten Massimiliano Fuksas. 1997 wurde der erste Bauteil mit 320 Meter Länge und 120 Meter Breite eröffnet. Innen teilen sich die Geschäfte auf zwei Stockwerke auf, der Blick am Gang geht aber immer bis zur Decke hinauf. Natürliches Licht wird geschickt mit künstlicher Beleuchtung verbunden. Auch der Erweiterungsbau Europark II wurde vom Italiener Fuksas geplant und 2005 eröffnet. Ein IKEA-Einrichtungshaus hat sich ebenfalls hier angesiedelt. Übrigens: Zwischen dem Europark und dem IKEA liegt die Europark-Piazza – sogar mit einem integrierten Volleyballplatz!

Ach ja, wer wirklich Superlative braucht: Die Tiefgarage des Salzburger Europarks gilt mit 2700 Stellplätzen und 100.000 Quadratmetern Fläche tatsächlich als die größte Tiefgarage auf einer Ebene in Europa! Die Parkplätze auf dem Dach sind über eine spektakuläre Freiluftrampe zu erreichen. Wer sich eher fürs Shoppen als für die Architektur interessiert: Zu finden sind hier rund 130 Einkaufsmöglichkeiten – darunter Bekleidungsketten, Buch- und Elektronikfachhandel sowie Lebensmittelmärkte. Natürlich gibt es auch eine Vielzahl an gastronomischen Betrieben. Zu empfehlen: das asiatische Restaurant → **Yaoyao** (Europastraße 1, Tel. 0662/25 74 47, www.yaoyao.at, Mo–Sa 11.30–23 Uhr). Hier wird asiatische Fusionsküche geboten, gekocht wird ohne Glutamat und mit österreichischen Zutaten. Wer es lieber Bodenständiger hat, kehrt ein in → **Raschhofers Rossbräu** (Europastraße 1, Tel. 0662/44 21 51, www.rossbraeu.at, Mo–Fr 10.30–1, Sa 10–1 Uhr). Diese Privatbrauerei hat auch in der Hernau (Alpenstraße 28, Abstecher möglich von Runde 3) eine Filiale. Georg Raschhofer gründete die Privatbrauerei in Altheim im Innviertel bereits im Jahr 1645. Spezialität der Brauerei ist das Zwickelbier, aber es gibt auch Märzen, Weizen und Pils im Angebot. Bei Schönwetter kann man auch draußen sitzen.

Um vom Europark zurück in die Stadt zu fahren, gibt es zwei Optionen. Mit der S-Bahn ist man in weniger als zehn Minuten wieder am Salzburger Hauptbahnhof (und Sie überqueren dabei die Eisenbahnbrücke).

Die Buslinie 1 hingegen führt direkt zum Ferdinand-Hanusch-Platz. Das dauert zwar etwas länger, aber es gibt eine interessante Sehenswürdigkeit auf der Strecke: → **Stiegl-Brauwelt** (Bräuhausstraße 9, Tel. 0662/83 87-1492, www.brauwelt.at, Sept. bis Juni: Mo–So 10–17 Uhr, letzter Einlass 16 Uhr; Juli und Aug.: Mo–So 10–19 Uhr, letzter Einlass 18 Uhr). Wer diese Biererlebniswelt besuchen möchte, steigt an der Haltestelle Bräuhausstraße aus. Das Museum befindet sich auf dem Braugelände des bekannten Salzburger Biers. (Zu Stiegl → Route 1, Stieglkeller.) Hier lernt man viel über die Herstellung von Bier und die Geschichte der Stieglbrauerei. Außerdem gibt es einen guten Überblick über die österreichische Bierlandschaft. Imposant: ein Bierturm aus (fast) allen österreichischen Bieren.

Stiegl-Brauwelt

Etappe 4: 9 am Flugfeld

Auf unserer Tour wählen wir den Bus der Linie 1. Wir fahren stadteinwärts, steigen aber schon an der Station Hans-Schmid-Platz aus, um dort den Flughafenbus, die Linie 2, zu nehmen. Statt Fußball stehen nun Flieger auf dem Programm. Allerdings nicht am Salzburger Flughafen W. A. Mozart, sondern im 9 **Hangar-7** (Wilhelm-Spazier-Straße 7A, Tel. 0662/21 97-0, www.hangar-7.com). Der Hangar ist im Besitz von Red-Bull-Boss Dietrich Mateschitz. Seit 2003 werden hier Formel-1-Boliden und historische Flugzeuge der Flotte der Flying Bulls aus seiner Sammlung ausgestellt.

An dieser Stelle ein kleiner Exkurs zur Red-Bull-Erfolgsgeschichte: Dietrich Mateschitz studierte in Wien, arbeitete dann für mehrere Unternehmen im Marketing, bis er auf Geschäftsreisen den asiatischen Energy-Drink-Markt entdeckte. In den Achtzigern erwarb er dort die Lizenz für einen Energy-Drink und gründete kurz darauf mit thailändischen Partnern das Unternehmen Red Bull. 1987 wurde Red Bull am österreichischen Markt eingeführt. Inzwischen ist der Energy-Drink Weltmarktführer innerhalb der Branche. Heute ist Red Bull auch im Rennsport und Sponsoring von Extremsportarten tätig, hat den früheren Fußballklub SV Austria Salzburg (heute: Red Bull Salzburg) übernommen. Auch hat Mateschitz einen TV-Sender, Servus TV, aufgebaut. Mateschitz scheint in der *Forbes*-Rangliste der reichsten Weltbürger auf.

Hangar-7 ist aber weit mehr als ein Flugzeughangar: Zum einen ist er ein kulinarischer Hotspot, denn er beherbergt das Gourmetrestaurant → **Ikarus** (Tel. 0662/

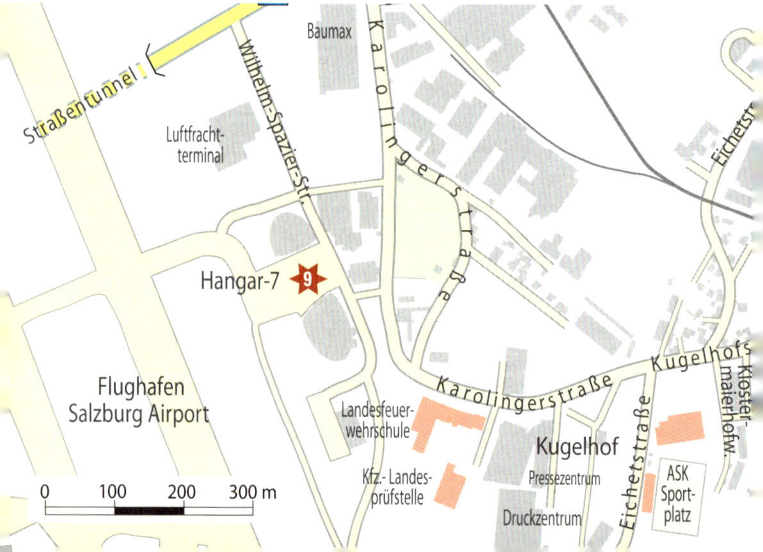

Hangar-7: perfekte Location für einen Cocktail bei Sonnenuntergang

21 97-0, tägl. 12–14 und 19–22 Uhr, am Ersten jeden Monats mittags geschlossen; unbedingt beizeiten reservieren!). Hier verfolgt man das einzigartige „Gastkochkonzept" und schafft damit einen Begegnungsort der internationalen Haute Cuisine mit ihren unterschiedlichen Philosophien, Kochstilen und Techniken. Patron ist Eckart Witzigmann, Executive Chef ist Martin Klein. Er und sein Team laden monatlich einen internationalen Spitzenkoch nach Salzburg ein. Besonderer Wert wird auf die Auswahl der Gastköche gelegt: So werden sowohl absolute Kochgrößen als auch aufstrebende Jungstars eingeladen, die die Gäste mit ihren außergewöhnlichen Gerichten begeistern.

Zum anderen werden im Hangar-7 Architekturliebhaber auf ihre Kosten kommen und von der Konstruktion des flügelförmigen Glas-Stahl-Baus begeistert sein. Das Gebäude ist etwa hundert Meter lang und 67 Meter breit und wurde von Architekt Volkmar Burgstaller entworfen. Es besteht aus einem Stahlrohrskelett und ist durchgehend von einer Glasschale umgeben, zwei Bürotürme ergänzen die Konstruktion im Osten. Insgesamt ist die Stahlkonstruktion 1200 Tonnen schwer und trägt 1754 Glasplatten unterschiedlicher Größe und

Restaurant Ikarus im Hangar-7

Beeindruckend: flügelförmiger Glas-Stahl-Bau für Flugzeuge

Form (die insgesamt 380 Tonnen wiegen). Das Innere des Gebäudes ist 14,5 Meter hoch.

Nachdem wir die Architektur und die Flugzeuge bestaunt haben, wird die Kehle vermutlich trocken sein, der Magen vermutlich knurren. Wer einen Platz im Restaurant Ikarus bekommen möchte, muss, wir bereits erwähnt, lange im Voraus reservieren. Wenn Sie aber spontan Lust auf einen Cocktail haben, besuchen Sie die → **Mayday Bar** (Wilhelm-Spazier-Straße 7A, Tel. 0662/21 97-0, www.hangar-7. com, So–Do 12–24, Fr–Sa 12–1, Essen bis 22 Uhr). Das → **Carpe Diem Lounge-Café** (Wilhelm-Spazier-Straße 7A, Tel. 0662/21 97-0, www.hangar-7 .com, tägl. 9–17, Frühstück 9–11.30, Sa u. So bis 14 Uhr) ist ein beliebter (Frühstücks-)Treff bei den Salzburgern.

Der Bus der Linie 10 bringt uns zurück in die Innenstadt (Haltestelle: Ferdinand-Hanusch-Platz/Zentrum). Beispiele moderner Architektur sind hier: Mozarteum (→ Route 2) oder auch das Museum der Moderne (→ Route 3), ebenso der neueröffnete Unipark Nonntal oder die Naturwissenschaftliche Fakultät in Freisaal (beides → Route 4).

Abschließend noch ein Hinweis für Architekturliebhaber: Alle zwei Jahre finden in einigen Bundesländern – auch in Salzburg – „Architekturtage" statt. Architekten und Ingenieure stellen ihre Arbeitsgebiete vor und versuchen so, das Interesse an Architektur zu wecken. An diesen Tagen öffnen Architekturbüros ihre Türen. Info: architekturtage.at

6 Von Kaspressknödeln bis Salzburger Nockerl

In diesem Kapitel stellen wir Salzburg von seiner kulinarischen Seite vor. Ob Sie Haubengastronomie, ein zünftiges Wirtshaus oder ein kleines Bistro suchen: Salzburg hat für jeden etwas. Diese Route, die natürlich keine Route im herkömmlichen Sinn sein kann, bietet Vorschläge für jene, die gerne essen, trinken und ortstypische Speisen kennenlernen möchten. Prost und Mahlzeit!

★ UNBEDINGT HINGEHEN

- → Café Bazar
- → Balkan Grill
- → Triangel
- → Die Weiße
- → Steinterrasse

Kein Tag beginnt ohne eine Tasse Tee oder eine Schale Kaffee, Am besten mit einer Zeitung, um auf dem aktuellsten Stand des Geschehens zu sein. Wem das Hotelfrühstück zu langweilig oder zu stressig ist, der kann den Tag in einem Salzburger Traditionskaffeehaus beginnen. Der Makartplatz ist ein guter Ausgangspunkt, um zum 1 **Café Bazar** (Schwarzstraße 3, Tel. 0662/87 42 78, Mo–Sa 7.30–23, So 9–18 Uhr) zu gelangen. Neben dem typisch österreichischen „Großen Braunen" (doppelter Mokka mit Milch) bekommt man auch noch echtes Künstlerambiente serviert: Das Café war einst ein Literatencafé. Hugo von Hofmannsthal, Friedrich Torberg, Stefan Zweig, Karl Heinrich Waggerl und sogar Thomas Mann fanden hier Inspiration. Auch Max Reinhardt und Franz Léhar waren Stammgäste. Seit 1927 führt das Café ein Gästebuch. Darin verewigt: Größen wie Greta Garbo, Marlene Dietrich, Romy Schneider und König Edward VIII. von England. Die Geburtsstunde war im Jahr 1909, als Richard Tomaselli das Café eröffnete. Er war der Bruder von Otto Tomaselli, der das damals

Café Bazar

Inge-Morath-Pl.
Chr.-Doppler-Str.
A.-Schmied-bauer-Str.
Lessingstr.
Heizwerk Mitte
V.-Kaplan-Str.
Paracelsus-Medizinische-Privatuniversität
Struberg.
Hst. Müllen-Altstadt
Wallnerg.
Gaswerkgass
Eisenbahn-brücke
Ernest-Thun-Str.
Max-Ott-Pl.
Landeskrankenhaus (St. Johann-Spital)
Mutterhaus
Kirche
Elisabethkai
Schwarzstr.
M.-Sittikus-
Auersperg-
Salzachgäßchen
Bärengäßchen
Kurhaus
Kongressha
Gynäkologie
Onkologie
Perinatalzentrum
Müllner Hauptstraße
Franz-Josef-Kai
Ev. Kirche
Kurpark
Bernhard-Paumgartner-We
Mülln
Lindhofstr.
Augustiner-kloster Mülln
F.-Geh-macher-Str.
Zwergl-garten
Bastionsgarten
Kindergarten, Transfusions-medizin
Monikapforte
Müllner-steg
Mirab garte
Augustinergasse
Mönch-stein
490
Mozarteum
Humboldt-Terrasse
Elisabethkai
SALZACH
VS
Zillnerstraße
A.-Behacker-Str.
Kleien-mayrng.
Ursulinenpl.
Johannes-schlössl
Markuskirche
Franz-Josef-Kai
Sender
Anton-Neumayr-Pl.
Museumspl.
Gstättengasse
Augustinerg.
Münzg.
Sterng.
Gries
E.-Baumgartner-Str.
Marketender-schlössl
Bürger-spitalpl.
Baderg.
Getreidegasse
Alte Univ.
Mönchs-berg
Bürgerwehr
Mönchsberg
Koch-Sternfeld-G.
H.-v.-Karajan-Pl.
Pferde-schwemme
Sieg-munds-tor
Festspiel-haus
Hofstallg.
M.-Rein
Alten-heim
Hübnerg.
Reichenhallerstraße
Fürsten-brunnstr.
Untersbergstr.
Hild-mannpl.
Mönchsberg Parkgarage
Toscan
Flughafen
Neutorstraße
Rieden-burg
Sport-halle
J.-Wolf-Str.
Rainbergstraße
Ernst-Sompek-Str.
Stein-bruchstr.
Bucklreuthstr.
Dr.-L.-Prähauser-W.
508
Karolin höhe
Bucklreuth
Rieden-burg-kaserne
Moosstraße
Leopoldskronstraße
488
Rainberg
Reserv
Sinnhubstraße
Tagesklinik Sbg.
Kinderg.
Göllstr.
Akademisches Gymnasium
Am Rainberg
Richter-höhe
507
25
24
26
23
22
32
33
34
4
5
7

0
100
200
300 m
Bayrhamerhof
Gabelsbergerstr.
Weitmoserstr.
Wifi
Wirtschaftskammer
Sanatorium
Lasserstraße
Julius-Raab-Pl.
Haydn-
Paracelsus-
Stelzhamerstr.
Sterneck-straße
Jüd. Tempel
Lasserstr.
Bayerhamerstr.
Grillparzer-
Forstdirektiont
Auerspergstraße
Franz-Josef-Str.
Rupertg.
E.-Kofler-G.
Arnog.
Virgilg.
VS u. HS
St. Andrä
Schrannengasse
Wolf-Dietrich-Str.
Nationalbank
AMS
Bezirksschulrat
Vierthalerstr.
Schallmooser Hauptstr.
Paris-Lodron-Str.
Loretto
Friedhof
Sozialamt
Glockengasse
Bayer. Aussicht
573
Busterminal Nord
Bruderhof
St. Sebastian
Dreifaltigkeitsg.
Aicherp.
Bergstr.
Priesterhausg.
Kirche Hl. Dreifaltigkeit
Linzer G.
Makartpl.
Wasserreservoir
Stefan-Zweig-W.
Felixpforte
Kapuzinerberg
R.-Mayr-G.
Königsg.
C.-Reitmer-Pl.
Lederer.g.
Kapuzinerkloster
Johannis-Kirchlein
Imbergstiege
Innere Stadt
Staatsbrücke
Giselakai
Steintor
Robert-Jungk-Platz
Steingasse
Altes Rathaus
Rathauspl.
Imbergstraße
Äußerer Stein
Rudolfskai
Mozartsteg
Giselakai
Gilbert-Schuchter-Stiege
Kranzlmarkt
Alter Markt
Churfürstg.
Goldg.
Döllererg.
Dr.-Varnscheinstr.
Dr.-F.-Rehrl-Pl.
Mozartpl.
Landesschulrat
Pol.-dir.
Residenz
Waagpl.
Residenzpl.
Pfeiferg.
Stief.-G.
Landhausg.
Karolinenbrücke
Papagenopl.
Dr.-Wilfried-Haslauer-Pl.
Basteig.
Franziskanerg.
Dompl.
Dom
Neugebäude
Chiemseeg.
Rudolfsplatz
St.-Peter-Stift
Kapitelpl.
Kapitelg.
Kaig.
Krotachg.
Landesreg.
Spital
Kajetanerpl.
Landesgericht
St.Peter-Bezirk
Dr.-Herbert-Klein-W.
Bierjodlg.
Herreng.
Nonnbergst.
Schanzlg.
Hellbrunner Str.
Künstlerhaus
St.-Peters-Friedhof
Festungsg.
VS
HS
Kinderg.
Stift Nonnberg
Katze
Hauptstr.
K.-Weiser-Pl.
J.-Preis-Allee
BG
Nonnbergg.
O.-Kokoschka-W.
Schartentor
Hohensalzburg
Erhardg.
Erhard-pl.
Nonntaler
Hans-Sedlmayr-
Brunnhaus
Radwe
1
2
3
8
9
10
11
12
13
14
15
16
17
18
19
20
21
27
28
29
30
31
36

Café Classic, Gastgarten

bereits hundertjährige Café Tomaselli (→ Route 1) am Alten Markt erbte. Das Frühstücksangebot (es gibt einige Bazar-Kombi-Frühstücke sowie À-la-carte-Angebote) gibt es hier zu jeder Tageszeit. Nicht fehlen dürfen die „Eier im Glas" – wie es sich im Kaffeehaus gehört (wachsweiche Bio-Eier, die, ja eben, im Glas serviert werden). Sollte es im Bazar zu voll sein, gibt es in der Umgebung (rechte Salzachseite) unzählige Frühstücksmöglichkeiten, etwa im 2 **Café Classic** (Makartplatz 8, Tel. 0662/88 27 00, www.cafeclassic.at, tägl. 8–19.30 Uhr). Für alle, die gern Süßes zum Frühstück haben, ist das 3 **Café Fingerlos** (Franz-Josef-Straße 9, Tel. 0662/87 42 13, www.cafe-fingerlos.at, Di–So 7.30–19.30 Uhr) eine wichtige Adresse. Wegen seiner Torten und Kuchen ist es stadtbekannt. (Kann also ruhig auch nachmittags für Kaffee und Kuchen besucht werden!) Ein Frühstücksangebot gibt es ebenso. Allerdings sollte man für das „Schnelle Frühstück" (Kaffee, Gebäck, Butter) etwas Zeit einplanen – das Service ist nicht immer so schnell wie das Frühstück.

Neben den „klassischen" Kaffeehäusern gibt es auch ausgefallenere Frühstückslocations: Im 4 **Afro-Café** (Bürgerspitalplatz 5, Tel. 0662/84 48 88, www.afrocoffee.com, Mo–Sa 9–24 Uhr, → Route 3) stehen u. a. süßer Couscous mit Datteln und Hummus auf der Karte. Wenn etwas mehr Zeit vorhanden ist, lohnt es sich, zum Frühstück einmal in den Hangar-7 (Wilhelm-Spazier-Str. 7A, Tel. 0662/21 97-0, www.hangar-7.com, → Route 5) hinauszufahren.

Afro-Café

Nach dem Frühstück geht es über den Makartsteg oder über die Staats-

Carpe Diem – Finest Fingerfood

brücke hinüber auf die linke Salzachseite. Ein Bummel durch die Getreidegasse wird durstig machen. Um die Mittagszeit kann man bei Schönwetter die Salzburger bei einem „Seiterl" (= kleines Bier), einem Aperol-Spritz oder einem Hugo (Prosecco-Minze-Holunder-Getränk) in einem der vielen Terrassencafés antreffen. In der schicken Altstadt geht es schließlich auch um das „Sehen-und-gesehen-Werden". Ein perfekter Platz zum „Leuteschaun" ist das 5 **Carpe Diem – Finest Fingerfood** (Getreidegasse 50, Tel. 0662/84 88 00, www.carpediem.com, tägl. 8.30–24 Uhr) am (Bürgerspital-)Ende der Getreidegasse. Wer zu dieser Tageszeit auf Alkohol verzichten möchte, kann hier einen Carpe-Diem-Drink aus dem Hause Red Bull probieren. (Das Lokal gehört ebenfalls zum Imperium von Red-Bull-Boss Dietrich Mateschitz.) Mit dem Energy-Drink hat dieses Wellnessgetränk wenig zu tun: Es handelt sich um Kombucha mit verschiedenen Geschmacksnoten – Klassik, Quitte oder Cranberry. Dazu gibt es im Carpe Diem kleine Häppchen, die in „Cones" (optisch einer Eistüte ähnlich) serviert werden. (Im ersten Stock werden „klassische" Gerichte ohne Cones serviert. Um zwanzig Euro gibt es ein dreigängiges Mittagsmenü. Etwa Gurken-Ingwer-Kaltschale, dann Entenbrust mit Marillen, Lavendel und Sellerie. Zum Abschluss Toblerone-Mousse mit Erdbeeren.)

Wer während der Festspielzeit Schauspielern oder Regisseuren begegnen will, der sollte unbedingt ins 6 **Triangel** (Wiener-Philharmoniker-Gasse 7, Tel. 0662/84 22 29, www.triangel-salzburg.co.at, tägl. 12–24

Balkan Grill

Uhr). Dieses gemütliche Lokal (mit herkömmlichen Biertischen) verbindet Bodenständigkeit mit Glamour. Ganz „normale" Salzburger treffen hier mit den Stars zusammen. Im Triangel lohnt es sich durchaus, an das Mittagessen zu denken: Der stadtbekannte Wirt Franz setzt auf regionale und qualitativ hochwertige Produkte. Auf der Karte: Bio-Carpaccio oder Wiener Schnitzel vom Kalb mit Preiselbeeren. Außerdem gibt es eine Wochenkarte mit zünftigen Tagesgerichten (z. B. Fleischstrudel, Krautfleckerl oder Backhendl) um knapp fünf Euro. Das Triangel wird daher besonders von jenen geschätzt, die in der Innenstadt arbeiten.

Keine Zeit, im Sitzen zu essen? Mindestens einmal sollte man in Salzburg ein Würstl essen. Am Grünmarkt gibt es viele Möglichkeiten dazu. Nicht zu toppen ist aber ein Besuch beim 7 **Balkan Grill** (Getreidegasse 33, Mo–Fr 11–19, Sa 11–17 Uhr, So je nach Saison). Der Imbissstand geht auf den Bulgaren Zanko Todoroff zurück, der 1949 im Müllnerbräu (→ Route 3) eine Bratwurst nach einem geheimen Rezept herstellte. Diese Wurst nannte er „Nadinizer". Nach einiger Zeit lief das Geschäft so gut, dass er sich einen kleinen Imbissstand in einem Durchaus der Getreidegasse kaufte. Der Kundenstrom riss nicht ab, allerdings hatten die Gäste Schwierigkeiten mit dem Namen „Nadinizer". So nannte Todoroff seine Wurst fortan „Bosa" (im Bulgarischen heißt das „Jause"). Das „n" in Bosna schlich sich ein, als ein Maler den Imbissstand beschriftete. Die Bosna, eine Art Hot Dog, besteht aus Schweinsbratwürsteln, Zwiebeln und frischer Petersilie und wird in Weißbrot serviert. Heute ist sie eine österreichische Spezialität.

Natürlich hat Salzburg mehr als nur österreichische Küche zu bieten: Wer Lust auf einen schnellen asiatischen Snack hat, geht zu 8 **Indigo** (Rudolfskai 8, Tel. 0662/84 34 80, www.myindigo.com, Mo–Fr 11–22, Sa 12–22, So 12–21). Eine Restaurantkette, die den „Feel-Good-Faktor" bewirbt. Bei Schönwetter empfiehlt es sich, das Essen –

etwa „Tandoori Chicken Mango Salat" oder „Massaman Beef Curry" – mitzunehmen und auf einer Bank zu essen. Neben der Filiale am Rudolfskai gibt es Outlets in der Alpenstraße (→ Route 4) und in der Auerspergstraße (→ Route 2). Auch zentral gelegen ist das südamerikanische Steakhouse 9 **Maredo** (Judengasse 5/7, Tel. 0662/84 38 94, www.maredo.at, tägl. 11.30–23.30 Uhr).

Steakhouse Maredo

Nach dem Mittagessen schlendern wir in Richtung Kaiviertel, um dort einen Kaffee zu trinken. Wir folgen der Judengasse bis zum Waagplatz. Ein kleiner Zwischenstopp beim Schokoladengeschäft 10 **Braunpunkt** (Judengasse 1, Tel. 0662/84 80 84, www.braunpunkt.at, Mo–Fr 10–20 Uhr, Sa, So 11.30–19 Uhr) lohnt sich, um für Daheimgebliebene Süßes abseits der Mozartkugel zu kaufen. Auf minimaler Verkaufsfläche wird hier Edelschokolade verkauft, darunter die österreichischen Manufakturschokoladen Zotter, Berger sowie Wachauer Safranschokolade. Für echte Schokofreaks werden bei Braunpunkt regelmäßig Schokoladensalons veranstaltet.

Hinter dem Mozartplatz biegen wir in die Kaigasse ein und folgen dieser bis zur Chiemseegasse: Vor

Schokoladengeschäft Braunpunkt

Icezeit

Nr. 1 kann es passieren, dass sich eine Menschenschlange bildet. Das Eis bei **11 Icezeit** (Chiemseeg. 1, Tel. 0664/969 88 77, www.icezeit.at, Mo–So 11.30–20 Uhr) ist aufgrund seiner Sortenvielfalt (z.B. Aloe-Vera, Ingwer oder Chili-Schoko) sehr begehrt. Einziger Kritikpunkt: Je nachdem, welche Bedienung man erwischt, variieren die Portionen. Achtung: Bei Schlechtwetter und im Winter hat diese Icezeit-Filiale zu. Ausweichen kann man ins Icezeit-Hauptgeschäft auf der rechten Salzachseite (Priesterhausgasse 2, Di–Sa 9–20, So 10–17 Uhr). Für ein kleine Kaffeepause gibt es keine passendere Adresse als das **12 Rösthaus** und **Café 220°** (Chiemseegasse 5, Tel. 0662/82 78 81, www.220grad.com, Di–Sa 9–19 Uhr). Die Preise liegen hier zwar etwas höher, dafür ist das Ambiente stylish und stimmig. Da das Lokal sehr klein ist, kann es aber passieren, dass man etwas warten muss (Reservierungen werden nicht angenommen). Auch hier gibt es „andere" Salzburg-Mitbringsel: hochwertigen Kaffee, der in diversen Selektionen angeboten wird.

Das Kaiviertel mit seinen kleinen Gassen lädt ein, ein wenig herumzustreunen. Wer Lust hat, kann einen Exkurs bis nach Nonntal und über die Karolinenbrücke und entlang der Salzach zurückgehen. Im **13 CaféCult im Künstlerhaus** (Hellbrunner Straße 3, Tel. 0662/84 56 01, Mo–Fr 9–23 Uhr) kann man eine Pause mit Blick auf die Salzach einlegen.

Café 220°

Wir aber gehen zurück zum Mozartplatz und über den Mozartsteg, um auf der rechten Flussseite einen Aperitif einzunehmen. Weintrinker werden gerne zu **14 Wein & Co** (Platzl 2, Tel. 0662/87 69 25, www.weinundco.at, Mo–Sa 10–24, So und Fei 11–24 Uhr) gehen. Das aus anderen Städten bekannte Konzept verbindet Weingeschäft mit Weinbar. Biertrinkern sei die Gegend rund um die Linzer Gasse empfohlen, da gibt es einige Geheimtipps. Etwa das **15 Alchimiste Belge** (Bergstraße 10, Tel. 0660/ 1216136, www.alchimiste-belge.at, tägl. 18–2 Uhr). Es wird von zwei Belgiern geführt, die als Studenten nach Salzburg kamen und hängengeblieben sind. Hier gibt es belgische Biersorten: Hoegaarden, Leffe, Chimay Tripel und vieles mehr. Fast nebenan, im **16 Schnaitl-Pub** (Bergstraße 5–7, Tel. 0662/87 86 78, www.schnaitl.at, Mo–Sa ab 20 Uhr), wird Bier von der Privatbrauerei Schnaitl getrunken. Das Pub ist besonders bei (internationalen) Studenten beliebt. (Achtung: Es öffnet erst um 20 Uhr, vielleicht auf dem Rückweg einplanen!)

Alchimiste Belge

Um zur kultigen Weißbierbrauerei **17 Die Weiße** (Rupertgasse 10, Tel. 0662/87 22 46, www.salzburgerweissbier.at, Mo–Sa 10–24 Uhr) zu kommen, gehen wir die Linzer Gasse hinauf, bis diese in die Schallmoser Hauptstraße übergeht. Linker Hand nehmen wir die Bayerhammerstraße oder die Virgilstraße, um zur Rupertgasse zu gelangen. Hier gibt es hefetrübes Weißbier, das seit

Weißbierbrauerei Die Weiße

St. Peter Stiftskeller

1901 gebraut wird. Dazu locken die urige Einrichtung und echte österreichische Hausmannkost, darunter etwa die typischen Salzburger Kaspressknödel. Bei den Kaspressknödel handelt es sich um flache „Laberl" (Laibchen), die gebraten werden. Sie sind eine westösterreichische Spezialität, in Salzburg wird Bierkäse dafür verwendet, meist werden sie als Einlage in der Suppe oder auf Salat gegessen. Zudem gibt es in der Weißen auch Schweinsbraten, Gröstl, Käsespätzle und andere österreichische Schmankerl. Achtung: Salzburger Nockerl wird man hier nicht finden, denn die Süßspeise ist eher bei Touristen beliebt. Es kann durchaus vorkommen, dass man vor einem Restaurant ein Schild sieht: „Salzburger Nockerl 13,90 Euro. Sweet Dish!" Immer wieder werden die soufléartigen Teignockerl mit einer herzhaften Hauptspeise – etwa mit Spinatnockerln oder Kasnock'n – verwechselt. Salzburger Nockerl, deren Ursprung umstritten ist, sollte man trotzdem mal probiert haben. Zu den besten Salzburger Nockerln zählen jene im 18 **St. Peter Stiftskeller** (Sankt-Peter-Bezirk 1/4, Tel. 0662/84 12 68-0, www.stpeter-stiftskeller.at, → Route 1).

Zurück aber zum Bier: In der Weißen ist es immer gesteckt voll. Also unbedingt reservieren! Wer es kleiner und uriger mag und trotzdem „besonderes" Bier trinken will, der sollte 19 **S'Kloane Brauhaus in der Kastner's Schenke** (Schallmooser Hauptstraße 27, Tel. 0662/87 11 54, www.kastnersschenke.at, Mo–Fr 17–24 Uhr) besuchen. Ursprünglich ein Heuriger, ist das Lokal nun wohl das kleinste Brauereigasthaus der Stadt. Das Lokal wird von zwei netten Innviertlern geführt, beide heißen sie Johann. Der eine braut das Bier, der andere kocht. Der Sudkessel ist direkt im Lokal. Für Nicht-Biertrinker gibt es auch ein gutes Weinangebot.

Stellt sich nun die Frage nach dem Abendessen. Wer es zünftig und rustikal mag, ist in den Biergasthöfen gut aufgehoben. In unmittelbarer Nähe gibt es auch einige nette Italiener etwa **20 Pasta e Vino** (Wolf-Dietrich-Straße 31, Tel. 0662/87 34 87, Mo–Fr 9–21 Uhr, Sa 9–15 Uhr). Hier gibt es keine Speisekarte, sondern täglich wechselnde frische, hausgemachte Nudelgerichte. Salate, Lasagne, Antipasti-Platten gibt es immer. Die Kellner sprechen nur italienisch, im Sommer sitzt man draußen am Straßenrand. Sehr authentisch. Das Restaurant **21 Wasserfall** (Linzer Gasse 10, Tel. 0662/87 33 31, www.restaurant-wasserfall.at, Di–Sa 17–24 Uhr) kocht ebenfalls italienisch.

Restaurant Wasserfall

Doch wohin, um einen besonderen Anlass zu feiern? Wenn man sich schick machen möchte? Salzburg hat eine ganze Reihe an Haubenlokalen zu bieten, die gerade zu Festspielzeiten sehr gut besucht sind. (Unbedingt reservieren!) Die „besten Adressen" liegen nicht unbedingt direkt in der Innenstadt, sondern etwas verstreut. Eines der zentral gelegenen Restaurants dieser Klasse ist das **22 M32** (Mönchsberg 32, Tel. 0662/84 10 00, www.m32.at, Di–So 9–1 Uhr, in der Festspielzeit auch montags), ist es doch „mitten" in der Stadt, auf dem Mönchsberg gelegen. Auf der anderen Seite des Mönchsbergs, durch das Neutor hindurch, befindet sich das Restaurant **23 Riedenburg** (Neutorstraße 31, Tel. 0662/83 08 15, www.riedenburg.at, Mo–Sa 12–14 und 18–22 Uhr). Das Ambiente ist klassisch, edel, aber gemütlich. Das Lokal wird von den Salzburgern oft für Familienfeiern aufgesucht, über die Jahre hat es aber große Konkurrenz bekommen. Ex-Riedenburg-Küchenchef Richard Brunnauer kocht nur einige Gehminuten entfernt im **24 Brunnauer im Magazin** (Augustinerg. 13, Tel. 0662/84 15 84, www.magazin.

Brunnauer im Magazin

Esszimmer

co.at, Di–Sa 10–24 Uhr). Das Außergewöhnliche an diesem Restaurant: Man sitzt in einer Kaverne, einem in den Mönchsberg geschlagenen Tunnel, bei moderner, schicker Einrichtung.

Gefeiert wird derzeit auch das 25 **Esszimmer** (Müllner Hauptstraße 33, Tel. 0662/87 08 99, www.esszimmer.com, Di–Sa 12–14, 18.30–21.30 Uhr), das durch die kreative Kochkunst von Koch Andreas Kaiblinger besticht. Es ist beliebt, obwohl es ein wenig außerhalb der Innenstadt liegt und in einem unscheinbaren Haus untergebracht ist. Festspielgäste werden hier extra gefragt, wann ihre Vorstellung beginnt, sodass es keinen Stress gibt. Ein Tipp: Alle drei Lokale servieren auch preisgünstigere Mittagsmenüs, für jene, die Haute Cuisine, aber auch den Geldbeutel lieben.

Feinschmecker, die länger in Salzburg sind, sollten unbedingt im Restaurant 26 **Ikarus** (Wilhelm-Spazier-Straße 7, Tel. 0662/21 97-0, www.hangar-7.com, tägl. 12–14 und 19–22 Uhr, am Ersten jeden Monats mittags geschlossen) im Hangar-7 reservieren. Das Konzept hier ist einmalig: Jeden Monat kocht ein anderer internationaler Haubenkoch (→ Route 5).

Zwar mag es in der Getreidegasse so wirken, als würden in Salzburg die Gehsteige abends hochgeklappt, das stimmt aber längst nicht mehr! Wer nächtliche Unterhaltung sucht, kann aus einer Reihe an Bars, Pubs und Clubs wählen. (In diesem Kapitel werden nur jene in der Innenstadt angeführt.) Auf welcher Flussseite das Nachtleben stattfindet, ist schwierig zu sagen. Auf der Teenagermeile am Rudolfskai ist das Irish Pub 27 **O'Malley's** (Rudolfskai 16, Tel. 0662/84 92 58, www.omalleyssalzburg

O'Malley's Irish Pub

Pepe Gonzales

.com, tägl. ab 20 Uhr) einen Besuch wert. Wer auf der rechten Salzachseite Party machen möchte, geht zunächst auf die 28 **Steinterrasse** (Giselakai 3–5, Tel. 0662/87 43 46, www.hotelstein.at, tägl. 7–24 Uhr. Achtung: Sommer- und Winteröffnungszeiten, → Route 2), um sich mit einem Drink und Blick über die Stadt aufzuwärmen. Danach geht man in eines der Lokale am Giselakai – etwa ins 29 **Daimlers** (Giselakai 17, Tel. 0662/87 39 67, www.meindaimlers.at, tägl. 19.30–4 Uhr). Lustige Abende feiert man auch im 30 **Pepe Gonzales** (Steingasse 3, Tel. 0662/87 36 62, www.pepe-cocktailbar.at). 110 Cocktails stehen hier auf der Karte. Für richtige Nachteulen geht es zum Schluss ins 31 **Saitensprung** (Steingasse 11, Tel. 0662/88 13 77, tägl. 21–4 Uhr), eine Salzburger Institution. Hier geht man hin, wenn nichts mehr offen hat. Wer auf der linken Salzachseite unterwegs ist, kann den Abend im 32 **republic** (Anton-Neumayr-Platz 2, Tel. 0662/84 16 13, www.republic.at, tägl. 8–1, Fr, Sa bis 4 Uhr, → Route 3) beginnen – mit guten Cocktails. Das republic hat den Vorteil, dass es vis-à-vis von zwei Clubs liegt. Im Edelclub 33 **Take Five** (Gstättengasse 7, Tel. 0664/432 77 00, www.club-takefive.com, Club: Do–Sa 22–5 Uhr) trifft sich die High Society. Das 34 **Halfmoon** (Gstättengasse 4–6, www.halfmoon.at, Do–Sa 22–5 Uhr) ist eine angenehmere Party-Location, in der auch internationale DJs auflegen.

Falls einen nachts während des Tanzens der Hunger packt, empfehlen wir, wie die Salzburger zum Würstlstand zu gehen. Am Ferdinand-Hanusch-Platz gibt es Stärkung bei der 35 **Würstlkönigin.** Am Platzl steht die 36 **Heiße Kiste.**

Würstlkönigin

Informationen und nützliche Adressen

ANREISE

Auto
In Österreich besteht Vignettenpflicht auf Autobahnen und Schnellstraßen. Vignetten-Verkaufsstellen sind Tankstellen, Mautstellen und Tabakwarengeschäfte. An allen Grenzübergängen gibt es Verkaufsstellen. Geschwindigkeitsbeschränkungen: Stadt/Ortsgebiet: 50 km/h, Landstraße: 100 km/h, Autobahn: 130 km/h.
Weitere Infos: www.asfinag.at/maut

Bahn
Züge zwischen Salzburg und Wien sowie zwischen Salzburg und München verkehren halbstündlich. Verbindungen nach Budapest, Stuttgart, Frankfurt, Zürich fahren mehrmals täglich (sowie nach Ljubljana, Zagreb und Venedig – mit Umstieg). Die Obus-Linien 1, 2, 3, 5, 6 verbinden Hauptbahnhof und Zentrum.
www.oebb.at , www.bahn.de
www.westbahn.at

Flug
Direktflüge nach Salzburg gibt es unter anderem von Berlin, Düsseldorf, Hannover, Hamburg, Köln/Bonn, Frankfurt, Leipzig/Halle, Amsterdam, Wien, Paris, London, Manchester, Stockholm und Zürich. Der Flughafen liegt etwa vier Kilometer außerhalb der Stadt, die Buslinien 2 und 10 fahren ins Zentrum. Mit Taxi oder öffentlichen Bussen ist man in rund 15 Min. in der Salzburger Altstadt. Auch ist es möglich, nach München zu fliegen und von dort mit Zug oder Airport-Shuttle anzureisen.
Infos: www.salzburg-airport.com
www.munich-airport.de
www.flughafentransfer.at

ALLGEMEINE INFORMATIONEN

Notruf
Europaweite Universalnummer 112
Feuerwehr 122
Polizei 133
Rettung 144
Ärzte-Notruf 141

Telefon
Die Telefonvorwahl vom Ausland nach Salzburg ist +43 662
Nach Deutschland +49
In die Schweiz +41

Post
Postamt
Residenzplatz 9
Mo–Fr 8–18, Sa 9–12 Uhr
Postamt Hauptbahnhof
Südtiroler Platz 1, Mo–Fr 8–20.30, Sa 8–14, So 13–18 Uhr

Konsulate
Honorarkonsulat der Bundesrepublik Deutschland
Dreifaltigkeitsgasse 11
Tel. 0662/88 02 01
www.konsulate.de

Konsulat der Schweiz
Alpenstraße 85, Tel. 0662/62 35 81
www.eda.admin.ch

Feiertage

1. Jänner (Neujahr)
6. Jänner (Heilige Drei Könige)
Ostermontag
1. Mai (Staatsfeiertag)
Christi Himmelfahrt
Pfingstmontag
Fronleichnam
15. August (Mariä Himmelfahrt)
26. Oktober (Nationalfeiertag)
1. November (Allerheiligen)
8. Dezember (Mariä Empfängnis)
25. Dezember (Christtag)
26. Dezember (Stefanitag)

UNTERWEGS IN SALZBURG

Infostellen der Stadt Salzburg

Tourist-Info Mozartplatz
Mozartplatz 5
Tel. 0662/889 87-330
www.salzburg.info

Weitere Tourist-Infos am Flughafen, Hauptbahnhof und P&R-Parkplatz Salzburg Süd.

Salzburg im Internet

www.salzburg.info, www.stadtsalzburg.at, www.salzburg.com
www.salzburg.at

Salzburg Card

Mit der Salzburg Card können Besucher Salzburgs Museen besuchen und haben freie Fahrt mit den öffentlichen Verkehrsmitteln, mit der Festungs- und der Untersbergbahn und dem Salzach-Schiff. Die Salzburg Card bietet auch Ermäßigungen für Konzerte, Theaterbesuche und Ausflugsziele. Die Info-Stellen der Stadt Salzburg, Kartenbüros und auch Hotelrezeptionen verkaufen die Salzburg Card (24-, 48- oder 72-Stundenkarte).
www.salzburg.info
(Rubrik: Sehenswertes)

Öffentliche Verkehrsmittel

Die Salzburger Altstadt ist weitgehend Fußgängerzone bzw. nur mit einer Berechtigung zu befahren (rund um Festung, Residenz, Dom, Getreidegasse). Mit den öffentlichen Verkehrsmitteln ist die Innenstadt gut zu erreichen. Obusse fahren tagsüber im 10-, abends im 15-Minuten-Takt. Die zentralen Bushaltestellen in der Innenstadt sind: Ferdinand-Hanusch-Platz/Zentrum, Rathaus und Theatergasse. Fahrkarten sind günstiger im Vorverkauf. Alle Trafiken (Tabakwarenläden) verkaufen Tickets. Preiswert ist ein 24-Stunden-Ticket (am günstigsten im Fünfer-Block). Die öffentlichen Verkehrsmittel sind auch in der Salzburg Card inkludiert.
www.salzburg-ag.at/verkehr/obus

Parken

Salzburg verfügt über ein breites Angebot an Parkgaragen und Kurzparkzonen. Sämtliche Parkflächen in der Innenstadt sind Kurzparkzonen. Das Parkticket der Altstadtgarage im Mönchsberg kann in Geschäften in der Innenstadt gelocht werden, somit wird das Parken günstiger. Es gibt ein gut erschlos-

senes Park-and-ride-System. Von hier aus können Besucher zum Sondertarif mit den öffentlichen Verkehrsmitteln ins Zentrum fahren.
www.stadt-salzburg.at
(Rubrik Verkehr und Parken)

Taxi

Rufnummern in Salzburg:
Tel. 0662/81 11 (Salzburger Funktaxi Vereinigung) oder
Tel. 0662/22 20 (Salzburg Taxi).

Boot

Das Panorama-Schiff Amadeus Salzburg fährt zwischen Ende März und Anfang Nov. Angeboten werden Stadtrundfahrten sowie Fahrten zum Schloss Hellbrunn.
www.salzburghighlights.at
(Rubrik: Schiff und Sightseeing)

Stadtführungen und -rundfahrten

Hop-on-hop-off-Bus
12 Stopps mit einer Audiotour (über Kopfhörer, in 9 Sprachen). Besucher können beliebig ein- und aussteigen.
Tel. 0662/88 16 16
www.salzburg-sightseeingtours.at

Stadtführungen

Mehrmals täglich gibt es geführte Touren (zu Fuß) von einem geprüften Salzburger Fremdenführer. Keine Anmeldung erforderlich. Diverse Treffpunkte (z.B. Mirabellplatz, Mozartplatz).
www.salzburg.info (Rubrik: Rundfahrten und Führungen)

The Original Sound of Music Tour
Führt zu den Filmschauplätzen – Schloss Leopoldskron, Schloss Hellbrunn, Mondsee, St. Gilgen u.a.
www.panoramatours.com
(Auch im Angebot: Mozarttour)

KULTUR

Festspiele & Festivals

Mozartwoche
Konzerte, Ende Januar
www.mozarteum.at
Osterfestspiele
Oper und Konzert
www.osterfestspiele-salzburg.at
Pfingstfestspiele
Oper und Konzert
www.salzburgerfestspiele.at
Salzburger Festspiele
Oper, Schauspiel, Konzert
Juli und August
www.salzburgerfestspiele.at
Jazz-Festival
Salzburger Jazz-Herbst
www.salzburgerjazzherbst.at
Salzburger Adventsingen
Jährlich im Großen Festspielhaus
www.salzburgeradventsingen.at
Literatur
Literaturfest Salzburg
www.literaturfest-salzburg.at

Kartenbüros

Kartenbüro der Salzburger Festspiele
Achtung: Karten für die Festspiele sind schwierig zu bekommen! Frühzeitig buchen! Tipp: Last-Minute-Karten für „Jedermann". Eine Stunde vor jeder „Jedermann"-Aufführung am Domplatz öffnet die Stehplatzkarten-Kassa in der Franziskanergasse. Stehplatzkarten um 5 Euro.
Herbert-von-Karajan-Platz 11
www.salzburgerfestspiele.at/kartenbestellung

Kartenbüro –
Polzer Travel &Ticketcenter
Residenzplatz 3, Tel. 0662/89 69
www.polzer.com

Theater

(Haupt-)Spielstätten
der Festspiele:

Großes Festspielhaus, Haus für Mozart, Felsenreitschule
Hofstallg. 1, Tel. 0662/804 55-00
www.salzburgerfestspiele.at
Salzburger Landestheater
Schwarzstraße 22
Tel. 0662/87 15 12-222
www.salzburger-landestheater.at
Salzburger Marionettentheater
Schwarzstraße 24
Tel. 0662/87 24 06
www.marionetten.at
ARGEKultur
Ulrike-Gschwandtner-Str. 5, Tel. 0662/84 87 84, www.argekultur.at

Klassik-Konzerte

Mozarteum Salzburg
Tel. 0662/889 40
www.mozarteum.at
Mozart Dinner Concerts
Tel. 0662/82 86 95
www.mozartdinnerconcert.com
Fünf-Uhr-Konzerte
Johann-Michael-Haydn-Gesellschaft, Tel. 0662/84 45 76 19
www.5-uhr-konzerte.com
Salzburger Bachgesellschaft
Tel. 0662/43 53 71
www.salzburger-bachgesellschaft.at

Film

Mozartkino, ältestes Kino
Kaigasse 33, Tel. 0662/84 22 22
www.mozartkino.at
DAS KINO
Arthouse-Cinema, Giselakai 11
Tel. 0662/87 31 00
www.daskino.at

Museen

Haus der Natur
Museumsplatz 5
Tel. 0662/84 26 53
www.hausdernatur.at
Mozarts Geburtshaus
Getreideg. 9, Tel. 0662/84 43 13
sowie
Mozart-Wohnhaus
Makartplatz 8
Tel. 0662/87 42 27-40
www.mozarteum.at
Museum der Moderne
Mönchsberg 32
Tel. 0662/84 22 20-403
www.museumdermoderne.at
Salzburg Museum
Mozartplatz 1
Tel. 0662/62 08 08-700
www.salzburgmuseum.at
Außerhalb der Route:
Salzburger Freilichtmuseum
(in Großgmain), Tel. 0662/85 00 11
www.freilichtmuseum.com

Burgen und Schlösser

Festung Hohensalzburg
Mönchsberg 34, Tel. 0662/84 24 30
Salzburger Residenz
Residenzplatz 1
Tel. 0662/80 42 26-90
Außerhalb der Route:
Erlebnisburg Hohenwerfen
Werfen, Tel. 06468/76 03
www.salzburg-burgen.at
(alle drei Anlagen)
Lustschloss Hellbrunn & Wasserspiele
Fürstenweg 37, Tel. 0662/82 03 72
www.hellbrunn.at
Mirabell & Mirabellgarten
Mirabellplatz 4
Außenbesichtigung

Galerien

Galerie Nikolaus Ruzicska
Faistauergasse 12
Tel. 0662/63 03 60
www.ruzicska.com

Galerie Seywald
Rainbergstraße 3c
Tel. 0662/84 04 26
www.galerie-seywald.at
Galerie Thaddaeus Ropac
Mirabellplatz 2, Tel. 0662/881 39 39
www.ropac.net
Galerie Welz
Sigmund-Haffner-Gasse 16
Tel. 0662/84 17 71
www.galerie-welz.at
Residenzgalerie
Residenzplatz 1
Tel. 0662/84 04 51
www.residenzgalerie.at
Salzburger Kunstverein
Hellbrunner Straße 3
Tel. 0662/842 29 40
www.salzburger-kunstverein.at

FRIEDHÖFE

St.-Peter-Friedhof
Stift St. Peter/St.-Peter-Bezirk
Hier begraben: Mozarts Schwester „Nannerl", Michael Haydn, Santino Solari (Baumeister)

Sebastiansfriedhof
St.-Sebastians-Kirche/Höhe Linzer Gasse 41
Grabmäler: Naturwissenschaftler Paracelsus, Grabmausoleum des Erzbischofs Wolf Dietrich. Gräber der Familie Mozart sind hier zu finden.

MÄRKTE

Grünmarkt, Ganztagesmarkt
Lebensmittel und Blumen
Universitätsplatz/
Wiener-Philharmoniker-Gasse
Mo–Fr 7–19, Sa 6–15 Uhr

Schrannenmarkt, Wochenmarkt
Lebensmittel, Blumen, Gebrauchswaren
Rund um die Andräkirche/
Mirabellplatz,
donnerstags 5–13 Uhr

Weihnachtsmärkte

Salzburger Christkindlmarkt
Dom- und Residenzplatz
Ende Nov. bis Weihnachten
Mo–Do 10–20.30, Fr 10–21, Sa 9–21, So und Fei 9–20.30 Uhr
www.christkindlmarkt.co.at

Hellbrunner Adventzauber
Rund um das Schloss Hellbrunn
Advent Mo–Fr 13–20, Sa, So, Fei 10–20, 24.12., 10–14 Uhr
www.hellbrunneradventzauber.at

Weitere Weihnachtsmärkte: vor dem Schloss Mirabell, Festung Hohensalzburg, Kunst und Handwerk im Sterngarten (Innenhof Sternbräu)

RESTAURANTS & NIGHTLIFE

Die Wirtshäuser, Restaurants, Cafés und Clubs, die in den einzelnen Kapiteln dieses Buches erwähnt werden, stellen zugleich auch Empfehlungen dar und sind im Register auf S. 136 angeführt.

Gay Salzburg

Princess Bar
Priesterhausgasse 22
www.princess-salzburg.at
Mexxx Gay Bar
Schallmooser Hauptstraße 20
www.mexxxgaybar.at

HOTELS
(Auswahl)

Luxushotels
Hotel Schloss Mönchstein Salzburg
Mönchsberg Park 26
5020 Salzburg, Tel. 0662/84 85 55
www.monchstein.at
Hotel Bristol Salzburg
Makartplatz 4, 5020 Salzburg
Tel. 0662/87 35 57
www.bristol-salzburg.at

Design Hotels
Hotel Stein
Giselakai 3–5, 5020 Salzburg
Tel. 0662/874 34 60
www.hotelstein.at
Arthotel Blaue Gans
Getreidegasse 41–43
5020 Salzburg, Tel. 0662/84 24 91
www.blauegans.at

Boutique-Hotels
Arte Vida Boutique Hotel
Dreifaltigkeitsgasse 9
5020 Salzburg, Tel. 0662/87 31 85
www.artevida.at
Boutiquehotel am Dom
Goldgasse 17, 5020 Salzburg
Tel. 0662/84 27 65
www.hotelamdom.at

Romantikhotels
(beide außerhalb des Zentrums)
Romantikhotel Die Gersberg Alm
Gersberg 37, 5020 Salzburg
Tel. 0662/641 25 70
www.gersbergalm.at
Romantik Hotel Gmachl
Dorfstraße 14
5161 Salzburg-Elixhausen
Tel. 0662/48 02 12
www.gmachl.com

Ketten/Midrange
Parkhotel Brunauer (Best Western Plus)
Elisabethstraße 45a
5020 Salzburg, Tel. 0662/45 42 65
www.parkhotelbrunauer.at
Mercure Hotel Salzburg City
Bayerhamerstraße 14A
5020 Salzburg, Tel. 0662/881 43 80
www.accorhotels.com

Budget Hotels
Motel One Mirabellplatz
Elisabethkai 58–60
Tel. 0662/88 52 00
www.motel-one.com
Meininger Hotel Salzburg
Fürbergstraße 18
Tel. 0720/88 34 14
www.meininger-hotels.com

Gasthöfe
Gasthof Hotel Mostwastl
Mostwastlweg 3, 5082 Salzburg
Tel. 0662/82 35 72
www.mostwastl.com
Gasthof Hotel Doktorwirt
Glaserstraße 9, 5026 Salzburg
Tel. 0662/62 29 73
www.doktorwirt.at

Familienhotel
JUFA Familienhotel Salzburg City
Josef-Preis-Allee 18
5020 Salzburg, Tel. 05/708 36 13

Hostels/Jugendgästehaus
Junges Hotel Salzburg-Aigen
Aigner Straße 34, 5020 Salzburg
Tel. 0662/62 32 48
http://aigen.hostel-salzburg.at
Die Stadtalm
Am Mönchsberg 19c
5020 Salzburg
Tel. 0662/84 17 29
www.stadtalm.at

Fotonachweis

Fotos: Bryan Reinhart;

außer Fotos auf:

Seite 3 unten mittig: Helge Kirchberger/Red Bull Hangar-7;
Seite 3 unten rechts: Café Bazar;
Seite 25 unten: Terezija M. Popp;
Seite 28 oben: Ulrich Ghezzi/RGS;
Seite 28 unten: Thomas Habersatter/RGS;
Seite 29 unten: Peter Laub/Salzburg Museum;
Seite 58 unten: Altstadt Salzburg Marketing Ges.m.b.H.;
Seite 65: Hotel Sacher Salzburg;
Seite 73: Tourismus Salzburg GmbH;
Seite 74: Bryan Reinhart/Tourismus Salzburg GmbH;
Seite 80: Restaurant M32;
Seite 84 oben: Wild/Haus der Natur;
Seite 84 unten: Seidl/Haus der Natur;
Seite 85: Wild & Team/republic Salzburg;
Seite 86 oben: afrocoffee.com;
Seite 87: Tourismus Salzburg GmbH;
Seite 99: Zoo Salzburg (2);
Seite 113: Helge Kirchberger/Red Bull Hangar-7 (2);
Seite 114: Helge Kirchberger/Red Bull Hangar-7;
Seite 115: Café Bazar;
Seite 118 oben: Café Classic;
Seite 118 unten: afrocoffee.com;
Seite 121 unten: Braunpunkt;
Seite 122 oben: Balazs Gardi/VII Network/ICEZEIT;
Seite 122 unten: 220GRAD;
Seite 123 unten: Wild & Team/Die Weiße;
Seite 124: St. Peter Stiftskeller – Das Restaurant;
Seite 125 unten: Wildbild;
Seite 126 unten: O'Malley's Salzburg.

Register

Falter^s CITYWALKS

Irene Hanappi

LINZ

Fünf Routen durch die oberösterreichische Landeshauptstadt.

128 Seiten, € 9,90

Inge Podbrecky

ROTES WIEN

Fünf Routen zur Architektur des „Roten Wiens".

128 Seiten, € 12,90

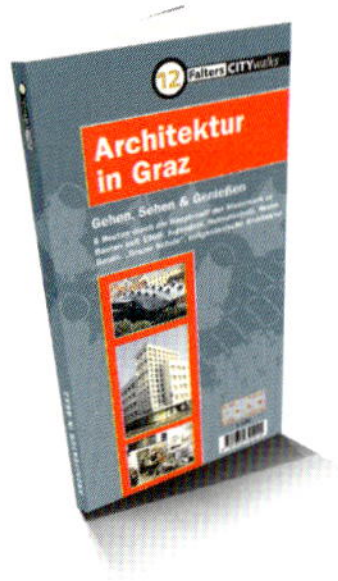

Antje S. de Grancy

ARCHITEKTUR IN GRAZ

Sechs Routen durch die steirische Hauptstadt zu Bauten seit 1900.

128 Seiten, € 9,90

Englische Ausg.

Irene Hanappi

BRATISLAVA

Ein Stadtführer durch die slowakische Metropole.

136 Seiten, € 12,90

Irene Hanappi

BRÜNN

Ein Reiseführer durch die Hauptstadt Mährens.

136 Seiten, € 9,90

Irene Hanappi

PRAG

Fünf Routen durch die Hauptstadt der Tschechischen Republik.

136 Seiten, € 9,90

Bestellen unter:
www.faltershop.at, T: 01/536 60-928, F: 01/536 60-935
E: service@falter.at oder in Ihrer Buchhandlung